Alles hat seine Stunde. Für jedes Geschehen unter dem Himmel gibt es eine bestimmte Zeit. (Prediger 3,1)

So wäge ich jedes Geschehen und prüfe es im Lichte der Ewigkeit. (Matthias Könning)

Matthias Könning

Das Januarbuch

Ein Begleiter für den Jahresbeginn

Autor: Matthias Könning

Verlag: tao.de in J.Kamphausen Mediengruppe GmbH, Bielefeld
ISBN: 987-3-95529-332-1
Printed in Germany

Inhaltsverzeichnis

Vorwort

Du schaust am Silvesterabend auf die Uhr. Die Zeiger wandern unaufhaltsam Richtung 24.00 Uhr. Gespannt mit dem Sektglas in der Hand stehst du da. Das alte Jahr geht zu Ende, das neue Jahr beginnt. Dir wird klar, dass du Abschied nehmen musst von einer vertrauten Jahreszahl. Du hast viel erlebt. Du bist zahlreichen Menschen begegnet. Es gab erfreulich Höhen und bedrückende Tiefen. Manche Fähigkeiten und Eigenschaften an dir konntest du bejahen. Mit anderen stehst du eher auf Kriegsfuß.

Kurz nach Mitternacht schaust du wieder auf die Uhr und schwörst dir: In diesem Jahr wird so manches anders. Du nimmst dir etwas vor, was immer es auch sei. Du schaust in deinen Kalender und glaubst an deine Veränderungsbereitschaft. Du wirst dir mehr Zeit nehmen für deine Freundschaften. Du wirst bestimmt an deinem Übergewicht arbeiten und wirst Konflikte am Arbeitsplatz vermeiden. Du glaubst an die Zukunft.

Dir fallen die bekannten Verse aus Hermann Hesses Gedicht »Stufen« ein, die da lauten: »Und jedem Anfang wohnt ein Zauber inne«. Du lässt dich gefangen nehmen von diesem Zauber, der deinen Plänen Flügel verleiht. Du reibst dir eine viertel Stunde nach Mitternacht im neuen Jahr die Hände und klatschst einmal kräftig hinein. „Jetzt pack ich es an!“ Das neue Jahr beginnt.

Hast du eine Idee, was nur wenige Tage später geschieht? Die Vorsätze zerrinnen dir wie Sand zwischen den Fingern. Der Alltag holt dich ein. Du bleibst der du bist. Es verändert sich nichts. Deine Ansprüche sinken schon nach kurzer Zeit auf ein Minimum. Die damit verbundenen negativen Gefühle schüttelst du ab wie lästige Flusen und sagst dir: „Wenn nicht in diesem Jahr, dann bestimmt im nächsten!“ Und du weißt, was geschieht. Möchtest du, dass sich etwas in deinem Leben ändert? Möchtest du es wirklich? Mit Haut und Haaren? Mit deiner ganzen Kraft und Energie? Dann bist du in meinem Januarbuch richtig gelandet.

In meinen stillen Tagen sind die folgenden Januartexte entstanden. An jedem Tag in diesem Monat möchte ich dich mit einem Gedankenimpuls begleiten.

Du weißt gut aus deiner Erfahrung, dass allzu schnell der Zauber des Anfangs verfliegt. Die Zeit rast dahin und nichts hast du so zu deinem Gunsten verändert, dass du glücklicher und zufriedener bist. Möge dir mein »Januarbuch« Licht und Farbe für den Beginn des Jahres schenken.

"Dinner for one" oder mit Weisheit und Humor in das neue Jahr

Regelmäßig "the same procedure" an Silvester. Miss Sophie und Butler James beim Geburtstagsritual zuzuschauen ist inzwischen selbst zum Ritual am Jahresende geworden. Warum wird dieser Sketch ausgerechnet an diesem Tag gezeigt? Kommt darin der Wunsch von uns Menschen zum Ausdruck, das Jahr auf jeden Fall humorvoll zu beenden? Geht es möglicherweise nur darum, in die richtige Partystimmung zu kommen?

Das Spiel von James und Miss Sophie erweist sich tiefgründiger als es auf den ersten Blick erscheint. Am Silvestertag blickt man auf das ablaufende Jahr zurück und zieht Bilanz. Was ist dir geglückt? Was hast du erreicht? Welche negativen Erlebnisse möchtest du loslassen und auf keinen Fall mit in das neue Jahr nehmen?

Miss Sophie und Butler James können wertvolle Anregungen geben, das alte Jahr abzuschließen und kraftvoll in die Zukunft zu schauen. Acht Erkenntnisse mögen Hinweise geben zur Selbsterforschung.

1. Sei gelassen und kreativ im Umgang mit den Stolpersteinen und Hindernissen auf deinem Weg.

Mindestens neunmal erweist sich der Kopf des Tigers als Stolperfalle. Einmal gleitet er zufällig und überraschend elegant daran vorbei. Gegen Ende jedoch hüpft er über den Schädel und freut sich, den Tiger überlistet zu haben.

Fazit: Jeder trifft im Leben immer wieder auf seine Baustellen und Stolperfallen. Ständig stapfst du in die gleichen Fettnäpfchen und ärgerst dich darüber. James würde dir raten, gnädig mit dir umzugehen und über dein eigenes Stolpern zur Abwechslung auch einmal zu lachen. Wenn du gelassen mit deinen Schattenseiten umgehst wirst du kreative Möglichkeiten finden, deinen Schatten zu integrieren, ihn anzunehmen, umzuwandeln und freundlich damit zu agieren.

2. Überprüfe die überholten "Prozeduren" in deinem Leben und verabschiede dich von der einen oder anderen.

"The same procedure as last year?" lautet die begleitende Frage von James während der gesamten Aufführung. Die vier Herren sind zu unterschiedlichen Zeiten gestorben, spielen aber dank des Butlers brav ihre Rolle weiter. Wir bedauern und amüsieren uns über den armen James, der ständig in deren Haut schlüpfen muss.

Fazit: Auch wir pflegen unsere längst überholten "Prozeduren", weil wir uns davon nicht trennen können. An Weihnachten vollziehen wir als Erwachsene überholte und unstimmige Bräuche aus Kindertagen. Wir verschenken Pralinen an Menschen, die seit langem keine solche aus Diätgründen mehr essen. Ehefrauen bewahren die Kleidung des verstorbenen Mannes noch ewig in ihrem Schrank auf. Wir buchen jedes Jahr unseren Urlaub im gleichen Hotel, das "früher" einmal besonders toll war. Welche Prozeduren hältst du künstlich am Leben? Vielleicht wird es Zeit, sich von der einen oder anderen zu verabschieden.

3. Du entscheidest selbst, was du im Alltag musst und was nicht. Entdecke deine Freiheiten.

Der Butler in Vertretung von Admiral von Schneider wird genötigt zum zackigen "Skol" mit den Worten: "Must I say it this year, Miss Sophie?" Die Dame besteht auf die Einhaltung eines genauen Protokolls. James ist schließlich Diener und es gehört zu seinen Aufgaben, alle Wünsche seiner Herrin zu erfüllen. Alle?

Fazit: Du bist von deinem inneren Wesen her kein Butler. Du musst nicht gehorchen. Weder als Sohn noch als Tochter. Weder als Ehemann oder Ehefrau, als Mutter oder Vater, als Arbeitgeber oder als Arbeitnehmer. Du hast immer die Wahl! Will ich das oder möchte ich das nicht, und bin ich bereit, die Folgen zu tragen? Da gibt es solche Überzeugungen wie: "Ich muss meine Mutter an Weihnachten besuchen, das bin ich ihr schuldig!" "Ich muss zum Geburtstag meines Chefs, das erwartet er!" "Ich muss meiner Tochter das Geld für den

Führerschein geben, sie gehört ja schließlich zu meiner Familie. Töchter lässt man nicht im Stich!" Überprüfe einmal deine "Muss"-Sätze und entscheide dich neu!

4. Freue dich über deine erprobten und stärkenden Rituale, die dich durch das Jahr hindurch begleiten.

Miss Sophie und James wissen, was auf sie zukommt an ihrem Geburtstag. Beide können sich in ihrem festen Drehbuch darauf vorbereiten und einstimmen. Die verstorbenen Gäste sorgen sogar für ein noch höheres Maß an Sicherheit, dass alles reibungslos ablaufen wird. Die Toten werden Gott sei Dank nicht zusätzlich zufällig krank und bleiben deswegen fern.

Fazit: In Krisenzeiten helfen klare und zuverlässige Rituale. Auch in Stresssituationen erweisen sich entlastende wiederkehrende Handlungen als hilfreich. Die Mußestunde am Nachmittag mit der Tasse Kaffee, ein Spaziergang rund um den Block und ein kurzes Telefonat mit dem Freund. Wir besitzen mehr gute Gewohnheiten als wir denken. Gehe doch einmal deinen Tag in Gedanken durch. Mit welchem Bein stehst du zuerst auf und in wie sieht die Reihenfolge deiner Tätigkeiten dann aus? Wann ziehst du unbedingt deinen Lieblingspulli an und was darf nicht fehlen auf dem Frühstückstisch? Du wirst merken, dass ein große Bandbreite von Rituale deinen Alltag prägen und Halt und Orientierung geben. Sei dankbar dafür!

5. Überprüfe deine Freundschaften!

So heißen die Freunde von Miss Sophie: Sir Toby, Admiral von Schneider, Mr. Winterbottom und Mr. Pommeroy. Alle Herren sind tot und ob da auch noch Damen oder Ehefrauen zu existieren wissen wir nicht. Immerhin ist die Gastgeberin die unverheiratete "Miss" und nicht "Mrs". Das lässt vermuten, dass es sich bei den vier männlichen Gästen um ihre Verehrer handelt.

Fazit: Wir mögen uns über die Freundschaften der Miss Sophie amüsieren. Doch wie steht es mit unseren eigenen? Vielleicht gibt es da auch den einen oder anderen "Toten", einen Menschen, den wir aus den Augen verloren haben. Du könntest dir eine Liste machen und alle Namen aufschreiben, die dir in den Sinn kommen als Freund oder Freundin. Hinter jeder Person wählst du aus einer Skala mit den Ziffern von 1 bis 10 aus, wie tief du die Verbindung empfindest. Zahl 10 bedeutet "dicke Freundschaft" und die 1 heißt "schon fast tot". Der nächste Schritt besteht darin, sich zu entscheiden, wie sich die Kontakte im kommenden Jahr weiterentwickeln sollen. Möchtest du in eine Vertiefung und Erneuerung investieren oder eher nicht! Wenn ja, wie kannst du deine Ziele umsetzen?

6. Mach das Beste aus deinem Leben in jedem Alter und in jeder Situation.

Miss Sophie feiert ihren 90igsten Geburtstag und James hat sein Pensionsalter schon längst überschritten. Dennoch genießen beide den Tag. Das Essen schmeckt und Getränke befinden sich reichlich auf der Anrichte. Der Tisch ist festlich gedeckt und die Freude blitzt aus ihren Augen. Kein Anzeichen von Lebensmüdigkeit. Sogar die fehlenden Gäste sorgen für ein hohes Maß an Unterhaltung und Festfreude.

Fazit: Was sagt uns das für unser eigenes Leben? Wenn du glaubst, die Situation ist aussichtslos, ist nach wie vor etwas möglich. Und auch die Unmöglichkeit birgt noch eine verborgene neue und ungeahnte Möglichkeit. Zum Beispiel: Möglicherweise verbringst du dein Leben ohne Freunde. Aber dafür kannst du vielleicht gut mit dir allein sein. Falls du jedoch weder Freunde besitzt noch gerne mit dir allein sein möchtest, kannst du wenigstens deine Tasse Kaffee genießen. Wenn du keine Freunde hast und nicht gut mit dir allein sein kannst und der Kaffee dir nicht mehr schmeckt bleibt dir die Dankbarkeit für die Kleidung, die du trägst. Du merkst schon, irgendein Weg eröffnet sich immer!

7. Für die Freude im Leben braucht es weniger als du denkst.

Während des Stückes fließt bekanntlich reichlich Alkohol, passend zu jedem Gang. Im Laufe des Spiels verwechselt James den Trinkbecher mit der Blumenvase und vergnügt sich mit dem abgestandenen Wasser.

Fazit: Auch mit dem Blumenwasser lassen sich Partys feiern. Warum nicht! Zum Vergnügen reichen tote Gäste, ein Tigerfell über das man stolpert und die Vorfreude auf ein skurriles Fest. Was brauchst du zur Freude? Gehören dazu die großen Dinge des Lebens wie ein Haus und eine Fernreise? Oder reicht dir der Duft auf der Straße von frisch gebackenem Brot und ein blauer Himmel.

8. Achte auf die unbewussten Signale aus deinem Inneren deines Herzens.

James serviert als ersten Gang Mulligatawny soup. Über viele Jahre habe ich mich gefragt, von was für einer Suppe er da wohl spricht. In meinem Kopf setzte sich aus unerfindlichen Gründen Schildkrötensuppe fest. Immer, wenn James mit dieser "Schildkrötensuppe" auftauchte dachte ich an die armen Tiere und mir wurde übel. Inzwischen weiß ich, dass es sich bei Mulligatawny im Ursprung um eine indische Sauce handelte. Dahinter verbergen sich die tamilischen Worte "Mullaga" und "Thanni" was nach Recherchen bei Wikipedia so viel heißt wie "Pfefferwasser". Bei Mulligatawny soup muss man sich letztlich also eine edle Form von englischem Pfefferwasser vorstellen.

Fazit: Überprüfe einmal, wann im Sketch du unbehagliche Gefühle bekommst und gehe dem nach. Hältst du die Luft an, sobald James über den Tiger stolpert? Kräuseln sich deine Geschmacksnerven, wenn er aus der Blumenvase trinkt? Welche Botschaften sendet dein Unbewusstes in bestimmten alltäglichen Situationen dir zu? Wo besteht der Bedarf, endlich das Verdrängte an die Oberfläche zu holen? Erforsche mal wieder deinen Schatten als Projekt für das neue Jahr.

Nun ist das "Dinner for one" auch im übertragenen Sinne für dich angerichtet. Die Themen liegen auf dem Tisch, die Fragen sind gestellt, die Anregungen wurden serviert. Viel Freude und Vergnügen in der Anwendung der Weisheiten aus dem "Dinner for one"

Hingabe an das Glück

Wenn wir uns im neuen Jahr zum ersten Mal begegnen wünschen uns in der Regel etwas Segensreiches. „Ein frohes neues Jahr!“ „Alles Gute!“ „Ein schönes oder gutes neues Jahr!“ Jeder pflegt da in der Regel seinen eigenen Lieblingsspruch.

Mir gefällt es, Menschen ein glückseliges neues Jahr zu wünschen. Beim ersten Hören klingt es möglicherweise ein wenig antiquiert. In meinem Heimatort war das jedoch der Standardgruß am Neujahrstag, in der Regel sogar in Plattdeutsch, was ich hier schriftlich gar nicht wiedergeben kann. „Glückseliges neues Jahr!“ wünscht dir jemand. Der Angesprochene antwortet dann: „Das gebe Gott und werde wahr!“

In diesem Gruß ist also noch ein deutlich religiös gefärbter Bezug vorhanden. Das Glück im Leben ist ein Geschenk, das einen göttlichen Ursprung hat. Du kannst es nicht machen mit eigenen Kräften und du kannst es dir nicht zuschreiben als einen Verdienst. Zugleich drückt sich mit dem Glück nicht nur ein Gefühl aus, sondern es soll „wahr“ werden, d.h. es möge sich wirksam und real im Leben umsetzen.

An welchen Zeichen würdest du merken, dass dein Jahr einen glücklichen Verlauf nehmen wird? Und woran werden es die Menschen in deinem Umfeld an deinem Verhalten merken, dass du im Glückszustand bist? Trägst du einen fröhlichen Gesichtsausdruck mit dir herum oder fühlst du dich gelassen und sorgenfrei? Wirst du einen signifikanten Unterschied feststellen zwischen dem alten und dem neuen Jahr? Wünschst du dir das gleiche Quantum Glück oder vielleicht noch eine Schaufel mehr?

Jetzt wird es schon fast philosophisch. Zahlreiche Wissenschaftler beschäftigen sich mit dem Thema Glück, angefangen von der Hirnforschung in der Medizin und der Psychologie bis hin zur Theologie. Es gibt inzwischen eine regelrechte „Glücksforschung" mit der Suche nach wirksamen „Glücksformeln". Dabei geht es dann häufig um die Ausschüttung von Hormonen, die Flüchtigkeit von Gefühlsempfindungen und anderen Phänomenen mehr.

Angesichts des „glückseligen Jahres" drehen sich meine Gedanken heute um die Kombination der Wörter „Glück" und „Seligkeit". In einem Blog im Internet fand ich den interessanten Hinweis, dass „selig" nichts mit „Seele" zu tun hat. Die Seele gehört zu einer ganz anderen Kategorie und hat einen Bezug zu unserem Innenleben. Der Ursprung von „selig" liegt im untergegangenen Wort „*sal*". Erhalten ist es noch in den Worten „Müh-*sal*" und „Schick-*sal*". „*Sal*" bedeutet: Gabe, Hingabe, Preisgabe oder auch Wohl. Wirtschaftswaren im Ausverkauf mit der Überschrift „*Sale*" werden also hingegeben, weggegeben und losgelassen.

„Glückselig" hieße dann: „Sich dem Glück hingeben." So bekommt der Neujahrsgruß eine interessante

Färbung. „Ich wünsche dir, dass du dich in diesem neuen Jahr dem Glück hingeben kannst.“ Oder auch: „Ich wünsche dir, dass das neue Jahr mit dem Glück dir zum Wohle wird.“

Du mögest dich also dem Glück hingeben.

Um das Glück in vollen Zügen erleben zu können, braucht es so etwas wie eine passende Grundeinstellung. Wenn du vom Leben Schlechtes erwartest und innerlich darauf ausgerichtet bist, kann dein Jahr nicht glücklich werden. Es ist vergleichbar wie mit einem fruchtbaren Ackerboden. Wenn der Boden nährstoffreich ist, kann dort vieles leicht und wie von selbst wachsen. Aber wenn der Boden vergiftet ist, haben Saatkörner keine Chance.

Übertragen auf die Hingabe an das Glück heißt es also, dass du deinen inneren Ackerboden zubereitest wie der Bauer sein Feld im Frühjahr. Welche Grundhaltung jedoch braucht es, damit das Glück gerne bei dir verweilen möchte? Ist es die Zuversicht? Hilft positives Denken? Hoffnung und Vertrauen oder das Urvertrauen schlechthin? Der Glaube an das Gute? Vielleicht besteht der fruchtbare innere Ackerboden der Hingabe in einer guten Mischung von vielen Werten.

Für mich gehört zu den Zutaten der Hingabe die Aufmerksamkeit für den Augenblick, sich zu fokussieren und sich nicht gedanklich ablenken zu lassen. Dabei musst du nicht aktiv irgendetwas tun. Die Hingabe an das Glück besteht in der passivsten Form von Aktivität oder der aktivsten Form von Passivität. Du richtest deine inneren Antennen darauf aus mit der Gewissheit, das Glück wird dich finden.

Gehen wir jetzt einmal in die praktische Anwendung der „Hingabe an das Glück“. Du wachst am Morgen auf und es kommt dein erster Gedanke. Was denkst du in der Regel? „Hilfe, was muss ich heute alles tun! Schaffe ich das!“ „Werde ich diesen Tag überstehen?“ „Hoffentlich geht es meiner Familie gut!“ Begegnen dir eher die sorgenvollen Gedanken, die dich plagen und quälen, oder wachst du auf und empfindest ein Gefühl von tiefer Dankbarkeit. „Wie schön! Gleich gibt es eine heiße Dusche und ein wunderbares Frühstück! Gut, dass ich nicht allein auf der Welt bin und dass so viele Menschen mit mir verbunden sind!“

Kannst du dich dann einfach in dieses Gefühl hinein fallen lassen? Und wenn du dein Tagewerk beginnst tust du es ohne Anstrengung und Mühe? Wenn du das so erlebst bist du wahrscheinlich angekommen im „glückseligen neuen Jahr“. Du kannst dich für das Glück entscheiden! Wenn du deine Aufmerksamkeit auf die Freude richtest, wirst du damit in Resonanz kommen und mitschwingen.

Ein guter Vorsatz

Viele beginnen das neue Jahr gerne mit einem Vorsatz. Sie möchten schlanker werden und fassen um Mitternacht den Entschluss, alles Nötige dafür tun. Sie möchten weg vom Stress und sich mehr Zeit nehmen für die Familie. Oft wiederholen sich die gleichen Vorsätze aus den Vorjahren. Im letzten Jahr habe ich es nicht geschafft, aber jetzt! Untersuchungen zeigen, dass manche das ganz gut hinbekommen, ihre Vorsätze wenigstens bis zur Mitte des Jahres umzusetzen.

Bei Vorsätzen hören die meisten automatisch einen moralischen Appell gegen schlechte Angewohnheiten. Aus dem vagen "ich sollte" und "ich müsste" wird dann ein entschiedenes "ich werde" und ein "ich will". Dann hängt es von den Umständen, den Einsichten, der Ausdauer und Willensstärke ab, ob das Unternehmen gelingt oder nicht.

Ich möchte den Blick und die Aufmerksamkeit lenken auf einen "Vorsatz" ganz anderer Art. Ich empfehle einen "Vorsatz" jenseits von allen Appellen und Moralvorstellungen und leite sie auch noch von den 10 Geboten der Bibel ab. Dort geht es ja auch scheinbar um Vorschriften und Wegweisungen. „Du sollst nicht töten. Du sollst nicht stehlen, usw." Nur wenigen ist der zentrale und "echten Vorsatz" vertraut, der da lautet: "Ich bin Jahwe, dein Gott, der dich aus Ägypten geführt hat; aus dem Sklavenhaus." (Exodus 20,2)

Dieser Satz steht in der Reihenfolge vor allen anderen Sätzen (Geboten). Dieser Satz steht an erster Stelle. Er beinhaltet keinen Appell. Du wirst zu nichts aufgefordert oder verpflichtet. Dieser Satz beinhaltet eine Stärkung und die Erinnerung an eine heilsame Erfahrung. Gott erinnert daran, dass er ein befreiender Gott ist. Der Mensch soll frei sein und kein Sklave. Dieser Satz vor allen Sätzen muss erst dein Herz erreichen und sich dort einnisten. Alle folgenden Gebote sind nachgeordnet dienen lediglich der Unterstützung dieser Erfahrung. Jeder Mensch ist berufen zur Freiheit! Alle Gebote dienen der Stärkung der Freiheit und der Förderung einer Beziehung zu Gott. Der "Vorsatz" übersetzt könnte heißen: Lebe die Gemeinschaft mit Gott, denn er ist immer für dich da. Er sorgt dafür, dass du dein Leben frei und in Liebe entfalten kannst."

Wenn ich jetzt auf das neue Jahr schaue, dann wähle ich mir auch einen "Vorsatz" jenseits von allen "Appellen". Dieser Satz heißt:

"So, wie ich bin, bin ich ganz in Ordnung und ich kann mich lieben und akzeptieren aus ganzem Herzen. Diese Gewissheit erfahre ich von dem, der *größer* ist als ich. Diese Zusage erfahre ich von Gott."

Das ist für mich ein äußerst beglückender "Vorsatz". Da "müsste" und "sollte" ich nichts mehr tun. Alles, was ich tun werde, wird sich aus dieser unerschöpflichen Quelle speisen.

Die Ruhe bewahren

Das wünschen sich viele Menschen im Alltag: Momente der Ruhe und Stille, um für einen Augenblick in sich zu gehen. Oft lassen wir uns antreiben durch den inneren Antreiber. Der sitzt uns ständig im Nacken und spricht zu uns: "Hast du schon dieses erledigt? Hast du daran gedacht? Du kannst dich jetzt nicht ausruhen, das kannst du dir nicht leisten! Wenn du dich jetzt hinsetzt werde ich dich pausenlos bombardieren mit allen unerledigten Aufgaben. Also, mach voran, dann kannst du dich verdient ausruhen!"

Ist dir diese Stimme vertraut? Kennst du den Antreiber, der pausenlos auf dich einredet? Wahrscheinlich kennst du ihn nur allzu gut. Bislang konnte er ohne Rücksicht sein forderndes Geschäft bei dir betreiben. Aber ab heute ist Schluss! Du hast ihn erkannt! Du bist ihm auf die Schliche gekommen! Du kannst ihm ab heute gezielt sagen: "Danke für deinen Hinweis! Ich werde ihn gerne beachten und umsetzen. Du kannst dich darauf verlassen. Aber jetzt, in diesem Augenblick, komme ich zur Ruhe und sammle meine Kräfte. Ich bitte dich herzlich mich darin zu unterstützen, indem du auch eine Pause einlegst, mein geliebter Antreiber!"

Ein ägyptisches Wort sagt: *Wer sich abhetzt, wird nie Vollkommenheit erlangen. Dazu gehören Ruhe und Stille.*

Also, wenn du wirklich vollkommen werden willst, höre auf, auf deinen Antreiber zu hören, sondern bewahre die Ruhe! Das Wesen der Ruhe besteht leider eher in Zurückhaltung und Vorsicht. Die Ruhe drängt sich nicht so arg in den Vordergrund und macht sich lautstark bemerkbar. Die Ruhe wird im Kampf mit dem Antreiber schnell zum Verlierer. Die Ruhe benötigt eine gesonderte Einladung, damit sie sichtbar wird. Sie lässt sich nicht unter Druck setzen. Du setzt dich hin, atmest einmal tief durch, öffnest die „Ruhetür" im Herzen und bittest sie freundlich herein. Dann wartest du geduldig, bis sie kommt.

Ruhe bewahren ist nicht nur ein Akt der Besänftigung wenn es laut und hektisch um dich herum wird. Damit die Ruhe ihre Wirkung entfalten kann, muss sie "bewahrt" und "behütet" werden. So, wie du deinen kostbaren Schmuck auf - "bewahrst", bewahre auch deine Ruhe! Sag ihr hin und wieder, wie sehr du sie magst und wie stark dein Wunsch danach ist, sie öfter hautnah zu erleben. Du wirst überrascht sein, wie das Wunder geschieht! Und der Antreiber? Den parkst du für einen Moment neben der Ruhe und lässt auch ihn einmal die andere Seite des Lebens spüren.

Synchroner schwingen

Vielleicht lebst du nicht allein, sondern mit anderen Menschen zusammen. Das ist häufig sehr beglückend und schön, manchmal aber auch voller Spannungen. Eine der Ursachen für Beziehungsstress liegt aus meiner Sicht in einem Mangel an Synchronizität. Wir Menschen schwingen alle unterschiedlich.

Ein Paar möchte ins Kino, denn ausgehen ist für beide angesagt. Die Eine hat in Windeseile Schuhe und Mantel an und der Andere benötigt gefühlte ewige Zeiten. Ich will dabei die Rollen nicht auf typisch Mann und Frau festlegen. Der Eine empfindet, dass es nun genug Urlaubstage gab, der Andere fängt erst jetzt an, sich zu erholen. Der Erholte scharrt dann mit den Hufen und möchte arbeiten. Sein Gegenüber fühlt sich dann genötigt und bedrängt.

Du stellst einfach fest, dass jeder Mensch seine ganz eigenen Zeitabläufe und Zeitgefühle hat. Auch du selbst erlebst dich nicht immer synchron. Dein Tag kann sich zäh und langsam anfühlen oder er geht in Windeseile vorbei. An einem Tag so, am anderen Tag wieder anders. Dabei zeigt die Uhr allen die gleiche Zeit an. Der Tag behält seine 24 Stunden. Die gefühlte Zeit unterscheidet sich jedoch mächtig von den gemessenen Stunden.

Beim Meditieren erlebe ich es häufig, dass für Einige die halbe Stunde schnell verfliegt und andere schon nach zehn Minuten unruhig werden. Diese unterschiedlichen Zeitgefühle können im Zusammenleben manchmal zu Konflikten führen und den Alltag ganz schön belasten.

Der erste Schritt in Richtung mehr Gleichklang könnte für dich heißen: Werde dir bewusst, wie du selbst deine Zeiten und Abläufe empfindest und gestaltest. Beobachte dabei auch dein Umfeld. Merkst du die Unterschiede?

Der zweite Schritt heißt: Beobachte, wie deine Umgebung auf dich reagiert. Werden die Menschen mit dir ungeduldig? Fühlst du dich bedrängt?

Der dritte Schritt heißt: Überlege, ob du hin und wieder dich dem Zeittempo der anderen angleichen könntest. Führt das zu mehr Harmonie und Ausgewogenheit?

Es kann sein, dass dein Gegenüber dankbar dafür ist, dass du mit Ihm oder Ihr stärker synchron schwingst!

Mehr gestalten und weniger erledigen

Du schaust am Anfang der Woche auf deinen Kalender und hältst dir vor Augen, welche Termine und Arbeiten auf dich zukommen. Auch am frühen Morgen schaust du auf den Tag und überlegst, was du alles erledigen musst. Unter erledigen verstehe ich die Vorstellung, dass wir bestimmte Pflichtaufgaben haben. Von diesen so genannten Pflichten kommt wahrscheinlich eine ganze Menge zusammen. Essen zubereiten, einkaufen, putzen, aufräumen, waschen usw. Manchmal arbeitest du dich durch diese Aufgaben durch und hakst in Gedanken ab, was du geschafft hast. Das Wort "erledigen" drückt dabei eine Menge aus. Am Ende bist du erledigt und erschöpft von deinen Pflichten. Du freust dich auf deine freie Zeit und lebst in der Dualität, im Gegensatz von Arbeit und Vergnügen.

Wenn du jedoch das Wort "erledigen" nun ersetzt durch "gestalten" betonst du deine Freiheit und deine Kreativität. Du entscheidest, was du machst und wann du es machst. Du entscheidest auch, ob du es mit Liebe tust oder mit Widerwillen. Du kannst die Aufgaben so gestalten wie Kinder ihre Spiele spielen. Erlebe wie sie den Tag als ein Geschenk voller Freude und du darfst ihn für dein Vergnügen mit Inhalt und Leben füllen.

In der Bibel wird die Geschichte von Adam und Eva im Paradies erzählt. Vor dem sogenannten "Sündenfall" mussten sie auch im Garten arbeiten, aber sie vergnügten sich dabei und es fühlte sich an wie ein großes Spiel. Nach dem "Sündenfall" verwandelte sich die gleiche Arbeit in Mühsal und Plage. Wenn wir arbeiten können wir es ebenfalls erleben als anstrengende „Erledigung“ oder entspanntes „Gestalten“. Ob es Mühsal und Plage ist oder Freude, Spiel und Vergnügen - diese Entscheidung findet vor allem in deinem Kopf und in deinem Herzen statt.

Je bewusster du den Beginn des Tages gestaltest und in den Tag hinein meditierst, desto eher hast du die Chance, die lebensfrohe Seite in den Blick zu nehmen. Vielleicht geht das nicht zu hundert Prozent, aber du kannst jetzt in diesem Augenblick eine Grundsatzentscheidung treffen: Ich gestalte mehr und erledige weniger.

Die Kunst des Entschleunigens

Vor mir an der Kasse im Supermarkt will eine Frau bezahlen. Sie öffnete ihre Geldbörse und suchte die "Taler" zusammen. Sie tut es in aller Seelenruhe. Sie lässt sich nicht ablenken oder beirren. Die Kassiererin tippt nervös mit ihren Fingern auf dem Kassenblock und die Schlange hinter mir wird immer unruhiger.

Im Alter lässt die Beweglichkeit in den Fingern halt nach und die Augen wollen auch nicht mehr. Kleingeld zählen wird zu einer mühsamen Angelegenheit. Unbeirrt von der Unruhe in ihrem Umfeld sammelt die Frau Geldstück um Geldstück bis es passt. Ich spüre förmlich den Druck hinter mir. Wann geht es hier endlich weiter! Kann nicht nächste Kasse geöffnet werden?

Rein äußerlich ist noch gar nicht so viel zu sehen, aber innerlich wird es von Sekunde zu Sekunde spürbarer. Bei allen Anwesenden steigt die Spannung. Die Frau hat ihr Geld gefunden. Sie bezahlt. Ein erleichtertes Seufzen wird hörbar. Dann komme ich an die Reihe mit meinen Waren. Ich will bezahlen. Ich bemerke die Schwere meines Portemonnaies angesichts der vielen kleinen Münzen. Mir wird bewusst, dass ich immer mit Scheinen zahle, damit alles an der Kasse im Fluss bleibt. Ich gebe stets dem Druck der Ungeduldigen in meiner Schlange nach. Ich beuge mich den Tempoblicken der Kassiererin.

Dieses Mal öffne ich meine Geldbörse und mich überkommt plötzlich eine vollkommene innere Ruhe. In diesem Augenblick springt ein Schalter in meinem Kopf um. Ich zähle Cent für Cent und Euromünze für Euromünze. Ich zögere sogar manchmal mit dem Herausnehmen der Münzen nur um das Gefühl auszudehnen, endlos Zeit zu haben.

Ich finde das Erlebnis auch noch im Nachhinein eine wunderbare Übung zur Entschleunigung. Lass dir Zeit! Renn dir nicht ständig innerlich davon! Bleib bei dem, was du tust! Auch das Bezahlen von Waren kannst du würdigen. Immerhin hast du dein Geld schwer verdient! Gib es mit Andacht aus, es ist ja schließlich ein Ergebnis deiner Arbeit!

Wenn du etwas Tempo herausnimmst aus deinen Unternehmungen öffnet sich auf einmal die Welt der feinen Nuancen. Du siehst mehr und du spürst mehr, vor allem bei den kleinen Dingen. Die alte Frau mit ihren unbeweglichen Fingern und ihrer großen Geduld hat mir eine wichtige Lebenslektion geschenkt. Im Entschleunigen liegt eine verborgene Kraft.

Mache Atempausen

Eine Panikattacke überfällt dich. Du erlebst etwas Furchtbares. Du erschrickst dich zu Tode. Dich beschimpft jemand. Du gerätst ins Stocken. Du weißt nicht mehr weiter oder du wartest auf eine unangenehme Nachricht! Viele Therapeuten empfehlen es und ich auch.

Atme erst einmal durch! Atme tief durch! Nutze alle Atemräume aus und atme nicht mit dem Brustraum, sondern tief in den Bauch hinein, mit der so genannten Zwergfellatmung. In einer Krise vergessen wir einfach zu atmen. Die Welt steht still bzw. du erstarrst. Lass deinen Atem fließen. Wenn dein Atem wieder fließt, dann kommst du langsam in einen Zustand der Entspannung und im Zustand der Entspannung finden sich Lösungen für deine Nöte.

Viele Menschen atmen flach und unregelmäßig. Das Atmen läuft ja auch in der Regel unbewusst ab. Wir atmen wie von selbst oder es atmet in uns. Wenn du auf deinen Atem achtest, merkst du vielleicht, wie du manchmal stockst, den Atem anhältst, schnell oder flach atmest. Beobachte mal deinen Atem. Das kannst du immer und zu jeder Zeit tun.

Wenn du in einer Gesprächsrunde dich aufregst, dann achte auf deinen Atem und atme für einen Moment lang bewusst. Spüre dann, wie sich deine Gedanken und Gefühle verändern und wie du besser zur Mitte kommst. Sich seines Atems bewusst werden dient der Vorbeugung vor Stress, der Stressauflösung, des inneren Ausgleichs und der Balance.

In der Schöpfungsgeschichte der Bibel wird erzählt, wie Gott den Menschen aus Lehm formte und dem noch leblosen Körper den Atem einblies. Dieser Vorgang machte den Menschen zu einem lebendigen Wesen. Wir sind also lebendig aufgrund der schöpferischen Beatmung durch Gott. Die Wiederbelebung eines Komatösen geschieht auch durch die Wiederbeatmung, solange, bis der Patient diese Aufgab wieder selbst übernehmen kann.

Im Vorgang und in der Aufmerksamkeit für den Atem wirst du dir inne, dass du ein Mensch bist mit der Atemqualität Gottes. Ausgestattet mit dieser Qualität darfst du dich zurücklehnen und dir sagen: Alles wird gut! Alles ist gut! Schon von Ewigkeit her.

Warteschleifen als ein Geschenk des Himmels

Rechne mal aus, wie oft du am Tag kleinere oder größere Zwangspausen hast oder dich in Warteschleifen befindest.

Du wartest im Supermarkt an der Kasse. Du wartest beim Arzt, in der Schlange vor dem Abflug, am Verkaufstresen beim Bäcker, auf deine Freundin, deinen Ehemann, deine Kinder und auf den Bus. Da kommen ganz schön viele Warteminuten im Laufe der Woche zusammen. Meistens planst du diese Zeiträume nicht ein. Und in der Regel nutzt du diese Zeiträume nicht sinnvoll. Es ist so, dass dich das plötzliche Warten quasi überfällt. Du hoffst, dass es nicht voll ist beim Bäcker und dann ist da plötzlich diese lange Schlange. Du bist aufs Warten nicht eingestellt, nicht vorbereitet und hast es zeitlich nicht einkalkuliert. Das Universum verordnet dir einfach eine Zwangspause. Auch nicht schlecht!

Was könntest du tun? Du kannst dich ärgern und nervös von einem auf das andere Bein wechseln. Das machen die meisten. Du kannst genervt dreinschauen und versuchen, die Zeiger deiner Uhr anzuhalten.

Du kannst aber auch die Zeit nutzen, indem du kleine Rechenaufgaben löst, die Umgebung studierst und die Menschen freundlich anschaust. Du kannst Obertonsingen lernen, pfeifen üben, Gleichgewichtsübungen machen, Mudras anwenden und Atemtechniken ausprobieren. Du kannst einen "Ideenzettel" mit dir tragen und die Geschenke aufschreiben, die dir für alle deine Lieben in den Sinn kommen. Du kannst Rezepte entwickeln oder in Gedanken eine Litanei der Dankbarkeiten aufsagen.

Die "Zwangspausen" sind gar nicht so schlecht. Sie könnten zur kreativen Ideenbörse in deinem Leben werden. Dafür ist jedoch ein kleiner, aber wichtiger Schritt notwendig. Werde dir bewusst, dass du jeden Moment in eine Warteschleife geraten kannst. Lass nicht zu, dass dann der Ärger entsteht, sondern nimm es einfach als Geschenk des Himmels an!

Du könntest dir eine Liste all der Dinge anfertigen, die du unauffällig in Warteschlangen ausüben könntest. Vielleicht erlernst du sogar eine neue Sprache oder erwirbst dir die theoretischen Grundlagen für einen neuen Beruf! Welche Möglichkeiten stehen dir auf einmal offen in der Warteschleife! Du könntest zu einem Experten für dieses Thema werden und ein Buch darüber schreiben.

Du gleitest hinein in einen Zustand der Meditation und erlangst Erleuchtung. Tibetische Mönche brauchen dafür Jahre gezielten Übens und du machst das einfach so nebenbei. Am Ende begegnest du in dieser Verfassung Engel oder sogar Gott. Ich höre jetzt auf, sonst denkst du, dass ich nicht mehr alle Tassen im Schrank habe. All das und noch mehr jedoch könnte tatsächlich geschehen in deinen Warteschleifen.

Koste die Zeit aus

Ich bin beim Autofahren ein "*Seltenüberholer*". Auf kurvigen Straßen passe ich mich dem allgemeinen Tempo der Fahrzeuge an. Wie häufig erlebe ich es, dass ein Auto dicht auf mich drauf fährt und auf die nächste Gelegenheit lauert, an mir vorbeizuziehen. Manchmal treffe ich ihn kurze Zeit später wieder an der nächsten Ampel. Dann taucht in mir die Frage auf: "Wenn du Autofahrer da vor mir früher am Ziel bist als ich, was machst du mit deiner eingesparten oder dazugewonnenen Zeit?"

Eine andere Situation: Da gibt es die Leute im Supermarkt, die vor den Kassen ihren Wagen hin und her schieben und überlegen, welche Schlange die zeitlich Günstigste ist. Wenn sie Glück haben gewinnen sie vielleicht sie zwei oder drei Minuten. Was machen die wohl mit dieser angesparten Zeit?

Manchmal habe ich den Eindruck, dass wir ständig auf der Suche nach Zeitersparnis sind. Auch viele technische Geräte wie die Mikrowelle werben mit Zeitersparnis. Wenn wir viel Zeit gespart haben können wir wiederum mehr erledigen. Stell dir vor du bist unglaublich schnell im Auto unterwegs. Du überholst bei jeder Möglichkeit und kommst tatsächlich zehn Minuten früher an dein Ziel als geplant. Dadurch hast du Zeit gewonnen und kannst dich ausruhen. Funktioniert das tatsächlich? Ich vermute, dass du erst einmal eine halbe Stunde brauchst, um von deiner Anspannung herunterzukommen. Scheinbar hast du Zeit eingespart. Aber hat dein Leben an Qualität gewonnen? Nun gut, wenn Überholmanöver und rasante Autofahrten dir einen Kick geben wahrscheinlich schon.

Dennoch ist es eine Überlegung wert, die scheinbaren Zeitersparnisse genauer unter die Lupe zu nehmen. Jedes Mal, wenn du den Blick nervös auf deine Uhr richtest, verlierst du den Kontakt zum Erleben im Hier und Jetzt. Du wanderst vom Gegenwärtigen zu einer abstrakten Zeitlinie. Du denkst sorgenvoll an ein zukünftiges Ereignis, das noch gar nicht stattfindet. Du bist in irgendwelchen Gedanken aber nicht mehr im lebendigen Sein und dem, was du gerade machst. Statt Zeit einzusparen empfehle ich dir, die Zeit auszukosten. Wenn du dein Essen genießen möchtest dann sei ganz beim Essen mit all deinen Sinnen, mit Haut und Haaren, bei jedem Biss. Sei bei deinem Essen mit deiner Nase, mit deinen Augen und mit allen Geschmacksnerven, die dir zur Verfügung stehen.

Wenn du Auto fährst, dann genieße das Fahren und Lenken, die Landschaften und den Himmel. Also genieße immer das, was du gerade im Moment machst. Bist du noch bei mir? Koste die Zeit aus!

Von spanischen Uhren lernen

Während meiner Studienzeit in Spanien ging ich nach dem Frühstück zur Vorlesung aus dem Haus. Die Innenstadt von Salamanca hatte drei öffentliche Uhren. Meine Armbanduhr zeigte beim Aufbruch 09.05 Uhr, die erste öffentliche Uhr an der Kathedrale 09.10 Uhr. Ich brauchte zehn Minuten zur Uni. Das hieße nach Adam Riese: Ankunft 09.15 Uhr. Nach fünf Minuten kam ich an der Marktplatzuhr vorbei. Die zeigte 09.05 Uhr und meine natürlich 09.10 Uhr. Wieder fünf Minuten später betrat ich die Universitätstür. Über mir die Uhr zeigte 09.20 Uhr. Drei Uhren in einer Stadt mit drei unterschiedlichen Zeiten. Die Uhren in Spanien gehen halt anders. (zumindest damals vor fast 30 Jahren)

Als Studenten verabredeten wir uns unter der Uhr am Marktplatz. Dort standen immer irgendwelche Leute, die auf jemanden warteten. So verabredete ich mich mit Freunden am Abend manchmal um 21.00 Uhr unterhalb der Uhr. Der größte Fehler, den ich machen konnte bestand darin, um neun Uhr da zu scin. Eine zeitliche Verabredung in Spanien deutete lediglich den ungefähren Zeitraum an, ab wann das Treffen stattfinden könnte. Da musst du schon mal bis zu einer halben Stunde warten. Manchmal auch länger.

Selten begann etwas pünktlich. Die Ausnahme war der Stierkampf. Jetzt stelle ich mir vor, was sich bei uns hier in Deutschland verändern würde, wenn spanische Verhältnisse Einzug hielten. Bräche dann unweigerlich das Chaos aus oder würden wir freier und großzügiger im Umgang mit der Zeit? Würden wir uns weniger abhetzen und aufhören, Sklaven unserer Uhren zu sein? Das spanische Leben hat mir deutlich gemacht: Ich bin der Herr meiner Uhr und nicht umgekehrt. Hier habe ich immer den Eindruck, dass meine Uhr meinen Lebensrhythmus diktiert.

Wenn du den Hang zur absoluten Pünktlichkeit hast, dann probiere mal aus, hin und wieder ein wenig zu spät zu kommen und genieße die Blicke aller, die schon da sind. Komme dir vor wie eine Königin oder ein König und genieße die volle Aufmerksamkeit der schon Anwesenden. Schweige oder sage leichthin gehaucht, dass du es leider nicht pünktlich geschafft hast, aber jetzt gerne da bist. Entschuldige dich nicht sondern schlüpfe in die spanische Mentalität der Freiheit über deine Uhr. Wie schaffen das manche Menschen nur mit diesem Blick in den Augen, der da heißt: Iss was?

Nimm das Ganze wahr und achte auf das Detail

Zu Beginn eines neuen Jahres liegt das große Ganze vor dir. Du schaust auf das gesamte Jahr im Überblick und zeichnest die großen Bögen vor. Dann gehst du hin zu den Jahreszeiten und dann zu den Monaten. Möchtest du deinen Arbeitsplatz oder deinen Wohnort wechseln? Hast du größere Anschaffungen vor oder einen besonderen Urlaub? Wenn du auf das Ganze schaust, dann entwickelst du ein Gefühl dafür, ob die grobe Richtung stimmt. Du entscheidest dich für einen Hauptweg und viel später erst für einen Seitenweg.

Um das Ganze sehen zu können musst du einen Schritt zurücktreten. Es ist vergleichbar mit der Betrachtung eines Gemäldes. Von Weitem siehst du die großen Linien und Flächen und bekommst einen Gesamteindruck. Dann näherst du dich dem Bild und schaust dir die keinen Details an. Wenn du sofort zu den kleinen Details gehst fällt es dir schwerer zu erkennen, worum es sich da gerade handelt und warum dieses Detail jetzt genau an diesem Platz ist und nicht woanders.

Zu Beginn des neuen Jahres nimmst du das Ganze in den Blick und wendest dich dann den Details zu. Was ist das große Ziel und welche kleinen Wege möchtest du gehen? Was ist in dieser Woche dran? Welche Pläne hast du für den heutigen Tag und wie ist dein Befinden jetzt in diesem Augenblick.

Das Leben gestaltet sich im ständigen Perspektivwechsel. Du gehst einen Schritt zurück für das Ganze und einen Schritt nach vorne für den Blick auf das Detail. Wenn du nur auf den heutigen Tag schaust, kannst du dich verlieren in den Einzelheiten. Du musst also immer auch das Große und Ganze im Blick behalten. Du lässt die Größe und die Pracht einer Kathedrale auf dich wirken und schaust dann auf die einzelnen Figuren der Fassaden.

Neben der Erfahrung des Ganzen und den Details gibt es dann noch das wirklich Große und Ganze. Das geht über ein einzelnes Jahr weit hinaus. Du schaust auf deinen Lebensbogen. Was ist deine Grundbestimmung im Leben? Was möchtest du überhaupt noch erreichen? Kommst du deinem großen Ziel näher mit deinen augenblicklichen Jahresplänen oder entfernst du dich davon. Und wenn du dich davon entfernst, ist das jetzt gerade gut für dich? Nicht jeder Umweg ist hinderlich oder schädlich. Die meisten Umwege sind nur scheinbare Umwege. Du musst sie gehen nach deinem inneren Gesetz. Der Weg ruft dich einfach und du folgst ihm.

Im Blick auf das Ganze orientierst du dich und im Blick auf das Detail wirst du konkret. Jede Perspektive hat ihre Stärke und auch ihre Schwäche. Im Blick auf das Ganze könntest du vergessen, dass du auch konkret gehen und handeln musst. Politiker beherrschen besonders diese Kunst, im Unverbindlichen und Allgemeinen zu verweilen. Im Blick auf das Detail könntest du dich festbeißen an Nebensächlichkeiten. Das erinnert mich ein wenig an Beamtenmentalität, wo auf jedem Kreuz und jedem Satz eine große Bedeutung beigemessen wird.

Jeder Mensch hat so eine Art Grundtendenz. Der Eine ist eher detailverliebt und kann sich leicht darin verlieren. Die Andere entwickelt ständig wechselnde Lebensträume, die kaum je konsequent umgesetzt werden. Die Kunst des Lebens besteht in der Bejahung und Umsetzung beider Perspektiven. Wo stehst du und wo möchtest du hin? Vielleicht stellst du jetzt erstaunt fest, dass du dir für das Leben einen genau gegenteiligen Partner ausgewählt hast. Dann reibst du dich, weil es dir auf die Nerven geht oder du freust dich, weil ihr euch so wunderbar ergänzt. Wenn du jedoch als Detailverliebter mit einer Detailfrau zusammen bist, dann wunder dich nicht, dass euch nie der große Wurf gelingt. Wahrscheinlich redet ihr so lange über die ideale Ferienwohnung und vergesst dabei, das Ziel auszusuchen. Oder du bist als Ganzwahrnehmer mit einer Ganzwahrnehmerin verheiratet und wunderst dich, dass ihr immer nur träumt, aber nie etwas umsetzt. So schmilzt die Weltreise zu einem Spaziergang durch die Nachbarschaft.

Tröste dich, du kannst dich wunderbar einüben. Besuch die nächste Gemäldegalerie und wechsel immer wieder die Perspektive. Bleib von weitem stehen und geh wieder nah ran. Du wirst staunen über das, was mit dir geschieht.

Den Schatten küssen

Wenn wir zu Beginn des neuen Jahres unsere moralischen Vorsätze fassen dann beschäftigen wir uns mit den Themen, mit denen wir nicht so gut klar kommen. Die Seite in uns, die wir nicht anschauen mögen, die wir verleugnen, verdrängen oder bekämpfen nennen wir Schatten.

Wir schauen auf unseren dicken Bauch und mögen uns so unförmig nicht leiden. Wir wären gerne schlanker. Damit wir den dicken Bauch nicht ansehen müssen tun wir so, als sei er gar nicht vorhanden.

Du ärgerst dich über deine Unpünktlichkeit und deine Unfähigkeit, deinen Tag ordentlich zu strukturieren und zu planen. Diese Seite an deiner Persönlichkeit magst du überhaupt nicht und wenn dich jemand auf deine Unpünktlichkeit hinweist, dann gehst du hoch wie eine Rakete.

Welche deiner Schattenseiten sind dir vertraut? Wenn du Vorsätze für das neue Jahr gefasst hast, dann beschäftigst du dich gerade mit einem Teil deiner Schattenseiten. In diesem Augenblick sind sie dir schon bewusst geworden und aus dem Schatten in das Licht getreten. Sie sind dir zwar bewusst, aber du magst sie nicht. Du magst nicht deinen dicken Bauch und magst nicht deine Unpünktlichkeit.

Aber, diese Seiten sind dir jetzt bewusst. Sie sind im Licht und nicht mehr im Schatten. Auch wenn dir dein Schatten jetzt bewusst wird machst du eine merkwürdige Erfahrung. Es gelingt dir nicht, den Schatten loszuwerden. Wenn du deine Vorsätze nicht erfüllst dann kann das ein Zeichen sein, dass dein Schatten unzufrieden ist, wie du mit ihm umgehst. Er mag es nicht, ausgegrenzt zu werden. Darum meine Idee für den Umgang mit dem Schatten: Küsse ihn!

Den Schatten magst du vielleicht nicht, aber er gehört zu dir. Es ist ein Teil deiner Persönlichkeit. Du wünschst dir ja auch sonst von allen deinen Freunden und Freundinnen und deiner Familie, dass sie dich so annehmen, wie du bist. "Liebe mich doch so, wie ich bin!" Die Schattenseiten gehören zu dir wie alle anderen Seiten, die du magst.

Der Schatten im Innen entspricht den „schwarzen Schaften im Außen. Wie wird mit den "schwarzen Schafen" in deiner Familie umgegangen? Werden sie ignoriert, ausgegrenzt oder beschimpft? So, wie du mit den "schwarzen Schafen" im Außen umgehst, wirst du vermutlich auch mit den "inneren schwarzen Schafen" umgehen. Die "inneren schwarzen Schafe" gehören zu dir, sie sind ein Teil von dir. Wenn du sie gut behandelst, behandelst du dich insgesamt gut.

Den Schatten zu küssen erfordert von dir mehr, als ihn nur anzunehmen. Im "Annehmen" kommt eher zum Ausdruck, dass du mit Anstrengung und ein wenig Widerwillen dich dazu durchringst, endlich nach einem langen abwehrenden Weg anzufangen, mit dem Schatten einverstanden zu sein. Der Schatten spürt sehr genau den Unterschied von Akzeptanz oder Liebe. Eigentlich will er gemocht werden. Mit Halbheiten gibt er sich nicht zufrieden. Den Schatten zu küssen heißt, ins kalte Wasser zu springen, und etwas sehr Ungewöhnliches zu tun. Nur wenige Menschen wagen den Kuss. Aus dem Frosch wird kein Prinz und dennoch wird es eine Veränderung geben. Du wirst dich mehr und mehr trauen, mit deinem Schatten aktiv und konstruktiv umzugehen. Vielleicht wird dein Schatten zu einem wertvollen Ratgeber und Wegbereiter. Wenn du Sherlock Holmes bist wird er zu deinem Dr. Watson. Viel Freude beim Küssen des Schattens und den damit verbundenen Entdeckungen.

Die Zeiträuber stoppen

Du bittest deinen Arbeitgeber um ein wenig Aufmerksamkeit und hörst: "Raube mir nicht meine Zeit!" Ich bin überzeugt: Jeder kennt solche Menschen, bei denen man das Gefühl hat, dass sie Energie abziehen von dir. Sie sprechen dich an und wollen nur einmal ganz kurz mit dir sprechen. "Hast du einen Augenblick Zeit? Ich muss dir einmal kurz etwas erzählen." Dann fängt die erste Schleife an: "Kennst du noch den Soundso? Nein, nicht? Das ist doch der, der mit dem Soundso befreundet ist! Nein, den kennst du auch nicht? Wie soll ich dir das jetzt erklären..." Du fängst schon an, ungeduldig zu werden und wechselst von einen zum anderen Fuß. Du schaust unauffällig auf die nächste Uhr und hoffst, dass dein Gegenüber endlich zur Sache kommt. Aber... da kommt noch lange nichts. Und schon bist du im Netz der Spinne gelandet. Der Zeiträuber hat dich gepackt.

Oder, da wirbt jemand mit seinen Produkten im Internet und du interessierst dich dafür. Du liest und liest eine langatmige Beschreibung oder wenn es moderner ist hörst du einem Videoauftritt zu und bekommst einen kleinen Appetitanreger. Du wartest auf den großen Wurf und ... es kommt nichts außer heißer Luft. Auch wieder so ein Zeiträuber. Immer geht es darum, dein Interesse und deine Aufmerksamkeit zu wecken. Unfreiwillig gibst du etwas von dir und weißt nicht, ob du auch etwas im Gegenzug bekommst. Immer hast du den Eindruck, dass dir der Ausweg versperrt wird. Die Masche ist uralt und erinnert an Kaffefahrten in die Pampa mit ungewolltem Werbeverkauf. Was hilft in einer solchen Situation?

Der erste wichtige Schritt beginnt im Vorfeld. Rechne mit Zeiträubern. Sie können dir jederzeit über den Weg laufen, vor allem, wenn du es eilig hast. Überlege, welche Menschen in deinem Umfeld dich innerlich unruhig machen, wenn du ihnen begegnest. Du kommst nicht von ihnen weg! Identifiziere also deine Zeiträuber und studiere ihre Methoden.

Der zweite Schritt heißt: Achte auf den ersten Satz! Höre dabei nicht auf den Inhalt, der ist völlig egal. Spüre dein Gefühl dazu. Entsteht Enge, Ärger oder Unwillen? Bleib bei diesem Gefühl und sage dir: Solche Gefühle sind typische Zeichen eines Zeiträubers.

Der dritte Schritt heißt: Entwirf eine Strategie, die du sofort zur Hand hast. Im Kontakt mit einem Zeiträuber ist schnelles Handeln erforderlich. Dir bleibt nur wenig Zeit zum Reagieren. Mit einer guten Strategie entkommst du der Umklammerung. Stelle dir vor, dass du sofort die Position wechselst von Reaktion zu Aktion. Folgende Sätze könnten hilfreich sein.

„Gut, dass ich dich treffe, ich wollte dich schon lange um einen Gefallen bitten. Jetzt kann ich ihn dir endlich sagen." Dein Gegenüber wird verblüfft sein und nicht mit einem solchen Satz rechnen. Entscheidest du dich jedoch für eine „angemessene“ Reaktion, wobei reagieren immer nur die zweite Wahl ist gegenüber dem selbstbestimmten Agieren, dann probier es damit:

"Jetzt habe ich leider keine Zeit, aber schicke mir eine Mail mit deiner Anfrage oder ich rufe dich heute um 19.00 Uhr an, dann können wir sprechen." - "Jetzt habe ich nur zwei Minuten Zeit! Sage mir dein Anliegen und dann vereinbaren wir, wie es weitergehen kann." - "In diesem Moment kann ich dir leider nicht zuhören, weil ich innerlich schon bei meinem nächsten Termin bin."

Wichtig ist deine innere Haltung gegenüber Zeiträubern. Steh mit beiden Beinen auf dem Boden und verfolge deine eigenen Pläne. Du bist der Akteur deines Lebens. Es gibt auch eine positive Seite der "Zeiträuber". Sie stärken deinen Widerstand und helfen dir dabei, selbstentschiedener mit deiner kostbaren Zeit umzugehen.

Öfter mal nein sagen

Vor einiger Zeit war ich in Köln und saß in der Fußgängerzone auf einer Bank. Neben mir versuchte ein Sanitäter vom Arbeiter-Samariter-Bund, Mitglieder zu werben für seinen Verein. Das machte er so, dass er jeden auf Kölsch ansprach mit dem Satz: „Hamse mal 2 Minütschen?“ Ich saß dort eine halbe Stunde und nicht einer hatte diese zwei Minuten übrig. Die Kölner scheinen Weltmeister im Nein sagen zu sein.

Im Supermarkt gibt es hin und wieder einen Stand, wo man ein Produkt ausprobieren kann. Ein wenig Creme für die Haut heute im Sonderangebot; eine Fertignudelpackung heute im Rahmen einer Sonderaktion; oder im Foyer eine Werbecrew für einen bekannten Pannendienst. Ich selbst habe nie Zeit und halte an einem solchen Stand nie an. Dabei könnte ich doch mal ein wenige Creme abstauben oder ein Stück Mettwurst probieren. Aber ich mache es nicht. Es nervt mich, weil ich meinen Einkauf erledigen will.

Dennoch habe ich Respekt und Achtung vor diesen Menschen, die mir etwas „andrehen“ wollen. Sie müssen eine hohe Frustrationstoleranz, Idealismus oder einen angemessenen Stundenlohn haben. Wie erleben sie wohl uns „Vorbeiläufer“? Aus ihrer Perspektive gesehen gehen viele Menschen vorbei, die sie oft nicht einmal ansehen, die bestenfalls „Nein danke!“ sagen, die mit dem Kopf schütteln, die sich demonstrativ wegdrehen oder genervt dreinschauen. Diese Erlebnisse geben mir Anlass zum Nachdenken.

Kennst du diese Erfahrung eines Verkäufers aus eigenem Erleben? Da sagt jemand Nein zu dir. Nein, das will ich nicht. Nein danke, nicht mit mir! Du, ich möchte nicht! Kannst du so ein Nein akzeptieren? Was geschieht mit deinen Gefühlen, wenn du ein Nein kassieren musst. Manchmal kann es geschehen, dass uns so ein Nein durch und durch geht. Es mag sein, dass es vielleicht nur um eine Terminabsage geht. Aber du verstehst es als Absage an deine Person. „Der mag mich nicht!“ „Die lehnt mich ab!“ „Meine Freundschaft ist gefährdet!“

Mir fällt bis heute das Nein sagen total schwer. Und umgekehrt kann ich ein Nein nur schwer akzeptieren. Darum könnte ich nie ein Werbemensch im Supermarkt oder in der Fußgängerzone sein. Dennoch! „Hut ab!“ vor diesen Menschen. Sie stehen dort und erledigen einfach ihre Aufgabe.

Inzwischen habe ich jedoch dazugelernt. Für den Lions-Club verkaufe ich manchmal Lose für das jährliche Entenrennen. Da stand ich an einem Samstag auf dem Wochenmarkt und rief den Leuten zu: „Na, haben Sie schon Lose für das Entenrennen?“ „Jeder Euro für Kinder- und Jugendarbeit in unserer Stadt!“ „Unterstützen Sie uns!“ Ich stellte mich den Leuten in den Weg. Meine Angst habe ich einfach abgeschüttelt wie lästige Schmeißfliegen. Schließlich war alles ja für einen guten

Zweck. Ja, es sind viele Leute vorbeigegangen und ich musste so manches Nein schlucken. Aber ganz viele haben auch „Ja“ gesagt. Und dann ist mir etwas aufgefallen!

Wenn ich ein deutliches und klares „Ja!“ zu mir und in mir trage, kann ich gut mit dem Nein umgehen. Ein Nein darf ruhig ein Nein sein ohne Rechtfertigung, ohne Erklärung und ohne einen überflüssigen Kitt. Es ist Ausdruck meiner Freiheit. Jeder darf, niemand muss. Ich auch nicht! Interessanterweise habe ich am Ende ordentlich Lose verkauft und es gab mehr „Ja!“ als „Nein!“

Wie ist eigentlich Jesus mit dem Nein umgegangen. Haben einige potentielle JüngerInnen wohl auch abgelehnt? War Jesus dann gekränkt? Immerhin hat Jesus einmal Nein zu seiner eigenen Familie gesagt nach dem Motto: Wer seid ihr? Seid ihr meine Familie oder sind es die, die Gottes Willen erfüllen? In einer anderen Geschichte sagte er mehr als deutlich und geradezu handgreiflich Nein zu den Händlern im Tempel von Jerusalem. Das Leben besteht aus Nein und Ja. So einfach ist das.

„Soziale“- und „Kirchenleute“ tun sich mit dem Nein manchmal schwerer als der Rest der Welt. Nimm das „Nein!“ nicht so schwer, wo immer es auch herkommt und wie oft es auch ertönt. Das Wagnis des „Nein“ eröffnet manchmal einen neuen Freiraum. Es kann sein, dass du vielleicht einen Freund verprellst. Es kann geschehen, dass dich nicht mehr alle so nett finden. Na und?

Wenn dein Nein zu dir gehört, gehört es zu dir. Wenn ein Ja zu dir gehört, gehört es auch zu dir. Es kommt aus deinem Inneren und entspricht dir, hier und jetzt. Morgen kann es auch wieder anders sein. Ich wünsche dir ein frohes experimentieren mit der „Wiedergeburt“ deines Nein und deines überraschenden Ja!

Zeitirritationen wahrnehmen

Manchmal hast du das Gefühl, dich in der Zeit vertan zu haben. Du kommst zu früh oder zu spät. Manchmal hast du am Morgen ein Abendgefühl oder wachst am Abend erst innerlich auf. Du bist ein wenig neben der Spur und die Wirklichkeit zeigt sich anders als in den gewohnten zuverlässigen Zeitabläufen. Dieses Phänomen nenne ich Zeitirritation. Dazu folgendes Erlebnis:

Ich fuhr zum Supermarkt und kettete dort angekommen mein Fahrrad an. Als ich nach dem Einkauf mit meiner Tasche den Markt verließ sah ich, dass mein Fahrrad verschwunden war. Aber in der Nähe stand ein sehr ähnliches Rad. Merkwürdig! Mein Schlüssel passte zu dem mir fremden Rad. Ich lachte auf! Da fährt doch tatsächlich jetzt jemand mit deinem Rad spazieren und unsere Fahrradschlösser haben zufällig auch noch das gleiche Schloss. Was blieb mir übrig, als mich auf dieses Fahrrad zu setzen und damit nach Hause zu fahren. Unterwegs schaute ich mir das Rad genauer an. Es war meinem Rad zum Verwechseln ähnlich. Es ließe sich so fahren wie meines, es fühlte sich an wie meines und kurz vor der Wohnung wusste ich es: es war meines. Es war mir nur auf einmal fremd geworden.

Dieses Erlebnis fand wenige Tage später eine denkwürdige Fortsetzung mit der Erfahrung eines déjà-vu.

Ich war wieder mit dem Rad und einem Freund unterwegs zu einem anderen Supermarkt. Wir parkten unsere Fahrräder und mein Freund kettete sein Rad am Ständer fest. Als wir wiederkamen stand mein Rad da wie ich es verlassen hatte. Das Rad meines Freundes auch. Aber die Kette mit dem Schloss war verschwunden. Eine ältere Dame sprach uns an und erzählte, dass kurz vorher ein Mann sein eigenes Fahrrad nicht wiederfand und das Rad meines Freundes für seines hielt. Er sprach einige Arbeiter an einer Baustelle in der Nähe an, die kurzerhand die Kette des Rades meines Freundes mit einem Bolzenschneider zerschnitten. Dann entdeckte der fremde Mann sein eigenes Rad wieder, schloss es auf und fuhr davon. Mein Freund konnte so zwar sein Rad retten, aber nicht sein Fahrradschloss.

Merkwürdig, nicht wahr? Zwei Ereignisse kurz hintereinander mit der Suche nach einem Fahrrad vor einem Supermarkt, zwei scheinbare Verwechslungen und zweimal war ich daran beteiligt. Hatte ich vielleicht bei der ersten Fahrradgeschichte eine Vorahnung von dem nachfolgenden Ereignis?

Wenn ich diese Geschichte erzähle antworten viele Menschen mit einem ähnlichen Erlebnis. Kaum einer traut sich, davon zu erzählen. Der Verstand scheint sich zu weigern, solche Erfahrungen zuzulassen. Es bringt ihn durcheinander. Der Verstand braucht die Zuverlässigkeit der Abläufe im Leben. Er möchte nicht verrückt werden. Leider spielt das Leben manchmal verrückt. Aus gutem Grund. Manchmal müssen sich die Dinge einfach neu sortieren weil sie nicht mehr stimmen.

Achte einmal auf die Ereignisse, die merkwürdig zeitlich sich zusammenfügen. Dir fällt eine Flasche Wasser am Morgen auf dem Boden und deine Frau sagt am Abend, du müsstest mehr trinken. Du verzweifelst an der Gerechtigkeit der Welt und findest Geld. Der Großvater stirbt und ein Enkelkind wird geboren.

Was scheinbar sinnlos nebeneinander steht erweist sich am Schluss als ein wunderbares Gefüge. Die Dinge sind miteinander verbunden im Gewöhnlichen und manchmal auch im Außergewöhnlichen. Oft verbirgt sich hinter diesen Erfahrungen eine wichtige Botschaft. Sei wach und achte auf das, was geschieht. Du bist herausgefordert, eine bestimmte Lebenssituation jetzt zu meistern.

Das Wunderbare sehen

Wartest du auf ein Wunder? Das Wunder, dass du einmal ganz reich und einmal ganz glücklich sein wirst? Eines Tages? Wartest du auf das Wunder, dass dein Traumprinz vor dir steht und schon eine Ewigkeit auf dich gewartet hat? Wartest du auf das Wunder, dem du nachspürst, wenn du dich in einen Roman vertiefst und verlierst?

Pearl S. Buck meint sagt: "Die wahre Lebensweisheit besteht darin, im Alltäglichen das Wunderbare zu sehen." Wenn du die Erfüllung eines Wunders in der Zukunft siehst, dann bist du nicht mehr gegenwärtig fühlbar anwesend in deinem Körper und deinem Geist. Dann bist du schon aus dir ausgewandert in das Land deiner Phantasie. So kann es geschehen, dass das kleine Wunder im Hier und Jetzt gar keine Chance hat, dich zu erreichen. Da sitzt gerade ein Vogel draußen auf dem Baum, der dich mit seiner Lebensfreude anstecken kann durch sein Pfeifen und Hüpfen. Da gibt es den Sonnenstrahl, der deine Haut gerade jetzt erwärmt. Da genießt du die erste Tasse heißen Kaffee am frühen Morgen. Dir wird bewusst, dass du ein Dach über dem Kopf und eine warme Stube hast. Es gibt so viele Alltäglichkeiten, die das Wunder in sich bergen. Wohin lenkst du deine Aufmerksamkeit? In die ferne Zukunft oder in die Gegenwart? Bist du noch da? Wo bist du gerade? Was nimmst du jetzt in diesem Augenblick wahr, wo du diese Zeilen liest?

Ich gestehe dir, manchmal versinke ich auch in meine großen Zukunftswunder. Doch jetzt, in diesem Augenblick bin ich bei dir. Du liest meine Zeilen und mein Herz wird weit.

17. Januar

Das Geheimnis des Lebens

Kennst du das Geheimnis des Lebens? Stelle ich jemanden diese Frage erlebe ich es häufig, dass derjenige oder diejenige sich aufrichtet, die Augen weit öffnet und sehnsüchtig das Geheimnis von mir erfahren möchte. Möchtest *du* das Geheimnis des Lebens kennenlernen oder kennst du es schon? Folgendes habe ich im Sommer erlebt.

Ich war im Milton Erickson Institut in Heidelberg und habe bei dem amerikanischen Psychotherapeuten Fred Gallo die Grundlagen der energetischen Psychotherapie gelernt. Das funktioniert im Prinzip so, dass alle Gefühle und Emotionen sich in unseren Meridianen wiederspiegeln. So wie die Akupunktur z.B. bei Schmerzen wirkt, kann man an bestimmten Stellen den Körper beklopfen, und der emotionale Stress reduziert sich. Das kann besonders heilsam sein bei Angstzuständen und Sorgen.

Ich schweife ab und komme jetzt wieder zum Geheimnis des Lebens. Kurz vor Ende der Ausbildung stellte uns Fred diese Frage: Do you know the secret of life? Wir schauten ihn alle mit großen und erwartungsvollen Augen an. Doch er lüftete das Geheimnis nicht, sondern bat zwei Teilnehmerinnen um Mithilfe. Sie sollten ein kleines Rollenspiel machen. Eine Freu spielt die Therapeutin und die Andere ist die schlimmste Klientin, die man sich vorstellen kann. Fred ging es darum, dass wir in unserer therapeutischen Arbeit unterstützt werden sollten bei Klienten, denen kaum zu helfen ist. Es gibt Menschen, die auf keine therapeutische Intervention positiv reagieren. Sie sind sehr resignativ, unmotiviert und skeptisch. Wie gesagt, der Schrecken eines jeden Therapeuten. Also saßen sich in unserem Spiel Therapeutin und Klientin im Gespräch gegenüber.

Klientin: Was Sie mir gesagt haben, hat überhaupt nicht geholfen, mir geht es so schlecht wie immer. Eigentlich geht es mir jetzt noch schlechter.

Therapeutin: Ach, das ist aber schade, erzählen Sie doch mal von letzter Woche.

Klientin: Ach, da gibt es nichts zu erzählen, es war einfach nur schlimm. (Klientin hängt im Stuhl und muss fast gestützt werden.)

Fred Gallo macht jetzt bei der Therapeutin den Muskeltest. Dazu streckt die T. den Arm aus und Fred drückt den Arm nach unten. Noch ist die Therapeutin stark und sie kann dagegen halten. Fred drückt den Arm der Klientin nach unten und die Klientin lässt den Arm sinken. Therapeutin und Klientin reden weiter miteinander, sofern man das als Gespräch bezeichnen kann. Nach ungefähr zwei Minuten testet Fred Gallo erneut die Therapeutin und was geschieht? Die Therapeutin hat keine Energie mehr und der Arm sinkt, bei der Klientin ebenfalls. Eine depressive Klientin kann einen Therapeuten also völlig aus der Energie bringen.

Jetzt fragt Fred Gallo die Therapeutin und uns nach dem Geheimnis des Lebens. Er verlässt mit ihr den Raum und kommt nach zwei Minuten wieder. Die Therapie setzt ihre Arbeit fort mit einer unveränderten Klientin, die ständig jammert und einer Therapeutin, die sich scheinbar vergeblich abmüht. Fred Gallo testet wieder den Arm der Therapeutin und der Arm reagiert stark, ihr geht es gut. Die Klientin reagiert schwach, ihr geht es schlecht. Wieder einen kurzen Zeitraum später geschieht ein Wunder. Im Gespräch hat sich nichts verändert, aber plötzlich reagiert die Klientin auf den Armtest hin stark. D.h. der Klientin geht es besser. Warum geht es ihr auf einmal besser? Die Lösung ist denkbar einfach: die Therapeuten kennt das Geheimnis des Lebens!

Habe ich dich jetzt neugierig gemacht? Als Fred die Frage stellte, wusste ich sofort meine Lösung. Seit vielen Jahren bin ich genau auf der Suche nach einer Antwort darauf. Kennst du also das Geheimnis deines Lebens?

Mein Angebot heißt: Das Göttliche wohnt in dir. Darum ist alles in dir heil, weil Gott selbst in deiner Tiefe sein zuhause gefunden hat. Möglicherweise findest du deine eigene Antwort, die zu dir gehört! Öffne Körper, Geist und Seele und das Geheimnis wird sich dir zeigen. Wenn ich einen Menschen betrachte und ihn für krank und hilfsbedürftig halte, wird er sich auch so fühlen. Wie ich einen Menschen wahrnehme, das hat Einfluss auf sein Wohlbefinden. Allein meine Sichtweise kann etwas bewirken. Wenn ich das Göttliche sehe, wird sich im Gegenüber göttliches entfalten. Wenn ich um das Geheimnis des Lebens weiß, werde ich das Leben mitgestalten können, denn ich kenne die Bausteine, die dazugehören. Versetze dich einmal für einen Augenblick gedanklich in einen zufriedenen und erfüllten Zustand. Rufe in dir Bilder herbei von Sonne und Urlaubslandschaft, deine Lieblingsspeisen und versammle um dich alle Freunde und die lieben Menschen deiner Familie. Was fühlst du?

Jetzt versetze dich in einen Zustand von Mangel und Angst. Rufe alle deine Dämonen herbei und lass sie sich in dir ausbreiten. Begegne allen Menschen, die du gerade nicht magst und versetze dich in eine Landschaft, die dich abstößt. Was fühlst du nun?

Du kannst wählen und deine Erfahrungen sammeln. Interessanterweise weiß Jesus um das Geheimnis des Lebens. Er drückt es aus mit den Worten vom „Reich Gottes". Es vergleicht es mit einem Senfkorn, das als Korn unscheinbar und klein ist. Es wird jedoch groß und wächst unaufhaltsam zu einer beeindruckenden Pflanze. Im Samenkorn sind alle Gene, Anlagen und Kräfte verborgen enthalten und es wächst im biblischen Text „automatisch". Siehst du den scheinbar toten Samen oder siehst du darin die ausgewachsene Pflanze? Jetzt betrachtest du vielleicht die Menschen in deinem Umfeld neu. Sieh in Jedem und auch in dir das „Mehr", das „Große" und das unendlich geliebte Göttliche.

Ja, DICH...dich meine ich!

Schon mal erlebt? Du stehst an der Kasse im Supermarkt und von Ferne winkt dir jemand zu. Du schaust hin und bemühst dich um einen freundlichen Gesichtsausdruck. Gleichzeitig fragst du dich: Kenn ich den oder die überhaupt? Wer ist das? Muss ich diese Person kennen? Woher denn bloß?

Das dauert nur den Bruchteil einer Sekunde. Dabei schaust du immer noch freundlich und willst schon deinen Arm zum Gegengruß erheben. Bloß nichts falsch machen und sich nachher Vorwürfe anhören müssen wie: "Kennst du mich denn gar nicht mehr?" "Du grüßt wohl auch nicht jeden!" Dann ruft der entfernt Winkende einen Namen, lacht noch intensiver und du sinkst in dich zusammen. Du bist gar nicht gemeint! Die Person hinter dir war gemeint! Dein Arm sinkt schnell nach unten, dein Gesicht wird wieder ausdruckslos und in Gedanken sagst du dir: "Wie peinlich! Gott sei Dank hast du es noch rechtzeitig bemerkt! Warum müssen diese Leute auch quer durch den ganzen Laden rufen!"

So etwas kann dir überall passieren. Du sitzt auf dem Rad und wirst von einem Autofahrer angehupt. Auch da meinte er vielleicht gar nicht dich, sondern irgendeinen Fußgänger hinter dir. Du bist nicht gemeint!

Diese Erlebnisse laden dazu ein, mal etwas tiefer deine Gefühle und dein Verhalten in solchen typischen Situationen anzuschauen. Du schaust hin, ob du diesen Menschen kennst und wirst unsicher. Soll ich grüßen oder nicht? Da kommt schnell der Gedanke: mach bloß nichts falsch! Zugleich wird dir bewusst, wie fragil und brüchig oft deine Kontakte und Beziehungen sind.

Uns begleitet die permanente Angst, einen Freund oder eine Freundin zu verlieren. Innerlich befinden wir uns immer in einer "Hab Acht Stellung". Wir sind ständig angespannt. Wie lange kannst du das durchhalten? Wie lange möchtest du das noch aushalten? Wann fängst du an, dein inneres "Spiel" zu durchschauen und zu unterbrechen? Verzichte darauf, immer in "Grußhaltung" zu sein! Entspanne dich! Warte darauf, bis du wirklich gemeint bist! Einen wahren Freund kannst du nicht so leicht abschrecken, wenn du mal nicht reagierst. Übersiehst du einen Freund hast du bei der nächsten Gelegenheit schon viel Gesprächsstoff. Du kannst dich wunderbar über das Grüßen auf der Straße und im Geschäft unterhalten und von deinen Erfahrungen erzählen, wie das so ist, nicht zu wissen, ob man gemeint ist oder nicht. Du wirst feststellen, dass dein Freund mindesten so viele Erlebnisse dazu beitragen kann wie du.

Trotzdem, es ist einfach schön, wenn du erlebst: Ich bin gemeint! Da sieht mich jemand an, weil ich es bin. Ich bin das erfreuliche Gegenüber, die Quelle der Wiedersehensfreude.

Aus einem Strohhalm wird ein Vogelnest

(Lebensweisheit der Owambo)

Manchmal weiß der Strohhalm gar nicht, wozu er gut zu gebrauchen ist. Er kommt sich trocken und nutzlos vor. Seine besten Zeiten hatte er als lebendige Pflanze. Doch jetzt? Es entwickelt sich überraschend wie ein Wunder. Ein trockener Strohhalm wird zum wichtigen Bestandteil eines Vogelnestes. Ja, so ist es! Ein Vogelnest benötigt für einen guten Halt viele Strohhalme in unterschiedlichen Größen. Das gilt nicht nur für Nester. Jede und jeder dient mit dem, was sie oder er kann und einbringen mag. Viele Halme ergeben ein Vogelnest. Jede Gemeinschaft, jede Familie, jede Gruppe kannst du damit vergleichen. Du bist mit anderen Menschen verwoben und verschränkt. Manchmal fühlt es sich glatt und wohlig an, an manchen Stellen aber auch piekt es. Stell dir vor, du wärest ein Strohhalm und jeder ignoriert dich. Du bist für niemanden wichtig. Du liegst irgendwo herum und kommst dir überflüssig und nutzlos vor.

Wünschst du dir auch einen Platz zum Entfalten und Wohlfühlen? Hast du ihn schon gefunden und hütest ihn sorgfältig? Leider sieht die Wirklichkeit nicht immer heiter aus. Es gibt diese Strohhalme, die scheinbar zu keinem Nest gehören. Wo sie auch sind erleben sie Zurückweisung und Ablehnung.

Ich war einmal auf einer Tagung, da wollte niemand bei den Mahlzeiten neben einer bestimmten Teilnehmerin sitzen. Gierig griff sie immer zuerst nach der Schüssel auf dem Tisch vor lauter Angst, dass es nicht für alle reicht. Erst nach einigen Gesprächen fand sie ihren Platz und überwand ihre Angst. So ein einsamer Strohhalm entwickelt schon mal einen Mangel und die Möglichkeiten zur Weiterentwicklung scheinen gehemmt.

Interessanterweise jedoch passt in jedes Vogelnest noch ein Strohhalm hinein. Viele menschliche Kreise werden dagegen geschlossen nach dem Motto: Wir sind genug, suche woanders! Wir könnten wirklich vom Vogelnest lernen und Platz schaffen für mehr Halme. Vielleicht kannst du jemanden in dein Nest einladen. Oder du lässt dich nicht beirren und fragst mal nach, ob du Gast sein darfst in fremden Nestern. Oder du suchst dir ein neues Nest, wenn deine Nester dich nicht mehr nähren. Hör auf jeden Fall auf zu glauben, dass es für dich keinen Platz gäbe. Immerhin bist du auf dieser Welt. Du bist da. Deine Existenz kann dir keiner nehmen. Wo du bist, kann in dem Moment niemand sonst sein. Hast du schon einmal versucht, der erste Halm eines neuen Nestes zu sein? Manchmal passt man eben nirgendwo so richtig hin. Es gibt fremde Regeln, unvertrautes Gebiet, andere Gepflogenheiten. Das Nest, das du selber baust, gestaltet sich nach deinen Vorstellungen und deiner Wirklichkeit. Probier es mal aus!

Das Herz sieht weiter als...

So lautet ein Spruch aus Zentralafrika: "Das Herz sieht weiter als das Auge." Bei Exupery lesen wir es ähnlich: "Man sieht nur mit dem Herzen gut. Das Wesentliche ist für die Augen unsichtbar." Manche Sprüche sagen wir inzwischen so leicht dahin. Hast du es schon mal probiert, mit dem Herzen zu sehen?

Wenn du deine Augen öffnest, dann nimmst du die Gegenstände um dich herum wahr. Du siehst Bäume, Häuser, Straßen und Menschen. Bei einer Fata Morgana siehst du auch etwas, aber deine Augen täuschen dich. Das, was du siehst, ist gar nicht vorhanden, zumindest nicht greifbar für die Hände. Deine Augen sagen dir: Da ist etwas, ich kann es genau erkennen. Das gibt dir ein Gefühl von Sicherheit. Ja, da ist ein Baum. Und wenn du hingehst und ihn anfasst, bekommst du deine Bestätigung. Auch deine Hände teilen dir mit: Ja, das ist wirklich ein Baum.

Wenn da nur nicht die optischen Täuschungen wären! Wiegen deine Augen dich nur in Sicherheit? Ist da in Wirklichkeit vielleicht gar nichts? Die Augen gaukeln dir Sicherheit vor. Deine Augen können vor allem nur bis zum Horizont sehen. Außerdem erkennen sie nur einen kleinen Ausschnitt der Wirklichkeit.

Wenn du deine Augen schließt, dann siehst du noch immer! Du siehst mit deinem Bewusstsein die ganze Welt, den Mond, die Sterne, die Planeten, alle Menschen und alle Tiere auf der Welt. Mit den "Augen des Herzens" kannst weiter sehen als das Auge. Du bist nicht gebunden an die Gegenstände in deinem unmittelbaren Umfeld. Mit den "Augen des Herzens" kannst du dich verbinden mit allen Menschen, die du liebst und die dich lieben. Die Augen deines Herzens sind grenzenlos. Mit dem Herzen kannst du eine tiefere Schicht der Wirklichkeit "sehen" und wahrnehmen.

Normalerweise sind wir mit unserer Wahrnehmung im Kopf verortet, dort wo die Augen sitzen in der Nähe unseres Verstandes. Wir nehmen die Dinge von dieser Stelle oben im Kopf aus wahr. Du könntest dir jetzt vorstellen, wie diese inneren Augen nach unten wandern in die Herzgegend. Jetzt nimm einmal alles von dieser Position aus wahr. Das geht nicht mit den leiblichen Augen, sondern nur mit den Herzensaugen. Mit deiner Wahrnehmung lässt du dich sinken vom Kopf hinunter bis ins Herz. Wenn du damit beginnst wird es für dich ungewohnt sein. Da scheint aus jahrelanger Gewohnheit immer wieder etwas nach oben zu springen an die ursprüngliche Stelle, wie bei einer Metallfeder. Wenn das geschieht, sinke wieder nach unten und nimm alles vom Herzen her wahr. Du wirst feststellen, dass von dort aus die Welt auf einmal viel größer und weiter wird. Die gleiche Welt öffnet sich in eine höhere Dimension. Du wirst nicht nur die Dinge anders sehen, du wirst sie mehr erspüren und die Welt spricht förmlich zu dir.

Die Bibel erzählt uns, dass Gott uns nach seinem Ebenbild geschaffen hat. Um uns zu schaffen hat er sicherlich nicht in einen Spiegel geschaut. Vielmehr hat er in sich hinein gespürt und etwas seinem Wesen ähnliches oder verwandtes erschaffen. Vielleicht ist die Sichtweise vom Herzen her die Art, wie Gott wahrnimmt und sieht. Wir können es ihm gleich machen. Oft sind wir leider die wenigen, aber entscheidenden Zentimeter vom Herzen entfernt im Kopf bei unseren leiblichen Augen.

Manchmal verhindern unsere eigenwilligen Augen den Weg zum Herzen. Sie erweisen sich als ziemlich stur und überzeugt von der eigenen Stärke. Sie sagen dir: „Da ist etwas!" oder „Da ist nichts!" Sie nehmen nur ein bestimmtes Frequenzspektrum wahr und halten das für die komplette Wirklichkeit. Welch ein Irrtum!

Vom Kopf zum Herzen musst du nur rutschen. Eigentlich ist das einfach. Es geschieht ohne Anstrengung. Es ereignet sich im Loslassen. Geh mal wieder auf einen Spielplatz und besuche die Rutsche. Als Erwachsene haben wir das Gefühl dafür verloren. Umgekehrt hast du vom Herzen zum Kopf einen steilen Weg vor dir. Manchmal wundere ich mich über uns Menschen, dass wir uns für den schwereren Weg entscheiden. Also: "Das Herz sieht weiter als unser Auge."

Schärfe deine Wahrnehmung, sei aufmerksam

Ich sehe was, was du nicht siehst... Das Spiel kennen wir alle. Wir haben es als Kinder gespielt und spielen es mit Kindern. Du suchst dir einen Gegenstand aus und sagst dann: Ich sehe was, was du nicht siehst und das ist gelb! Jetzt muss der Mitspieler aufmerksam nach dem gelben Teil schauen. Manchmal entdeckst du es auffällig nahe und manchmal musst du suchen, bis du fündig geworden bist. Dieses Spiel schult die Wahrnehmung und die Aufmerksamkeit.

Ich sehe was, was du nicht siehst...Heute als Erwachsener begegne ich Freunden, die mir sagen: Gestern habe ich dich gesehen aber du bist stumpf an mir vorbeigegangen. Du hast mich gar nicht wahrgenommen. Andere erzählen dir etwas von Blumen im Frühjahr, die jetzt aufgegangen sind oder von auffällig herabgesetzten Preisen in irgendeinem Geschäft. Du ertappst dich dabei, dass du all das nicht wahrgenommen hast.

Ich sehe was, was du nicht siehst... setzt sich auch im Erwachsenenleben fort. "Du hast gar nicht meine neue Frisur bemerkt und die schicke neue Hose..." Du fragst jemanden: "Wie geht es dir?" Und wenn du deine Antennen ausgefahren hättest, würdest du spüren, demjenigen geht es im Augenblick gar nicht gut. Du könntest deine Frage anders stellen: "Du siehst so betrübt aus. Ist was mit dir?"

Ich sehe was, was du nicht siehst.... Manche Leute sehen starke Veränderungen in der Gesellschaft. Die Systeme im Staat brechen zusammen, die Weltwirtschaft knickt ein, die Klimakatastrophe nimmt ihren Lauf, die Menschen werden immer hektischer und ADHS bei Kindern nimmt enorm zu. Ich sehe was, was du nicht siehst... Manche dieser Wahrnehmungen sehe ich gar nicht. Ich halte sie für Gespenster. Gespenster können halt nur manche sehen und manche auch nicht.

Ich sehe was, was du nicht siehst...Heute habe ich gesehen, dass es noch genug Nahrungsmittel im Kühlschrank gibt und dass der Tag zuverlässig wieder mit seinem Morgenlicht begonnen hat. Die Uhren laufen und meine Glieder lassen sich bewegen. Das mag selbstverständlich sein! Vielleicht. Aber es kommt darauf an, dass du es wahrnimmst!

Sag klar, was du willst

Bundeskanzler, Präsidenten und andere Politiker arbeiten ja gerne mit Floskeln. Da gibt es diese Floskel "Lassen Sie uns..." z. B.:

"Lassen Sie uns gemeinsam an die Dinge herangehen, behutsam und Schritt für Schritt." Klingt doch toll, nicht wahr? Vor allem das mit dem "behutsam" und dem "Schritt für Schritt". Trotzdem stellen sich bei mir die Haare auf und es läuft mir kalt den Rücken herunter. Was meint das "Lassen Sie uns..." Sollen wir es lassen oder wirklich machen? Wer ist mit dem "Sie" gemeint und wer ist das "uns". Ich sage mal direkt die Alternative: "Ich möchte mit Ihnen gemeinsam an die Dinge herangehen. Sind Sie dabei?" Aha! Der Politiker würde auf diese Weise den Wunsch (möchte) äußern, mit mir (Ihnen) irgendein Projekt zu starten. Ich hätte die Freiheit, Ja oder Nein zu sagen. Der Wunsch wäre klar, deutlich und so, dass ich mich eingeladen und angesprochen fühle. "Lassen Sie uns..." ist völlig unverbindlich, unpersönlich, schwammig und appellierend. Niemand muss da irgendetwas irgendwann machen! Es handelt sich um eine Floskel mit schönen Worthülsen.

Für welche Menschen trägst du Verantwortung? Bedienst du dich auch solcher Hülsen?

Als Schulleiter könntest du sagen: "Lasst uns eine Zukunft gestalten, in der Kinder ins Leben begleitet werden!"

Als Pfarrer könntest du sagen: "Lassen Sie uns wirklich den Weg in eine gottgefällige Zukunft gehen."

Als Arzt könntest du sagen: "Lassen Sie uns ein Gesundheitssystem erschaffen, das diesen Namen verdient."

Als Koch könntest du sagen: "Lassen Sie uns Rezepte schreiben, von denen noch Generationen schwärmen."

Lieber wäre mir, wenn du als Schulleiter ein guter Begleiter bist, als Arzt dich den Patienten aufmerksam zuwendest, als Pfarrer für eine Atmosphäre des Wohlwollens sorgst und als Koch etwas Leckeres auf den Tisch bringst.

"Lassen Sie uns aufhören, solche Floskeln zu dreschen..." oder: Sage klar, was du willst!

Der 23. Januar

Weite deinen Raum

Beim Spaziergang am Sonntag sah ich zwei türkische Frauen mit knöchellangem Kleid und Kopftuch auf einer geraden und langgezogenen Landstraße. Sie brachten sich gegenseitig das Radfahren bei. Eine Frau saß auf dem Rad, die andere hielt und sorgte für Stabilität. Um zu dieser Straße zu kommen mussten sie dahin laufen und das Fahrrad schieben. Schon bald werden sie nicht mehr schieben, sondern gemeinsam fahren und ihren Lebensraum ausweiten.

Ich stelle mir vor, dass die beiden Frauen in der Regel zu Fuß unterwegs sind. Wie weit kann man am Tag laufen, wie groß mag der Radius um das eigene Haus sein? Auf einmal gibt es die Möglichkeit, mit dem Rad einkaufen zu fahren. Neue Geschäfte in anderen Stadtteilen, einen anderen Friseur ausprobieren, die Welt erforschen, den Raum weiten.

Wir fangen als Baby in unserer Wiege an und entdecken die Rappeln, das Kuscheltier und die Schmusedecken. Wir fangen an zu krabbeln und entdecken die Gegenstände im Umkreis des Fußbodens. Wir fangen an zu laufen und erobern das Haus und die Nachbarschaft. Vom Spüren der Haut als die erste körperliche Grenze erweitern wir ständig unseren Raum und machen neue Erfahrungen. Das ist doch ein wunderbares

Geschenk. Schon der Psalmbeter erfuhr dieses Phänomen mit den Worten: "Du stellst meine Füße auf weiten Raum." (Ps 31,9)

Ich lernte Radfahren mit drei Jahren. Die zwei türkischen Frauen vielleicht mit über vierzig. Sie zeigen mir, dass es nie zu spät ist, mit etwas Neuem zu beginnen. Den weiten Raum zu erkunden und zu erleben ist einfach zu verlockend. Da warten Wunder und Welten auf dich. Die Erlebnisse erweitern dein Bewusstsein und lassen dich immer wieder staunen. Und Staunen ist der Anfang von Religion. Die Weite des Raumes weitet auch dein Herz.

Manche Menschen kommen in ein Alter, wo sie aufhören, die Räume zu weiten. Sie ziehen sich zurück. Sie hören auf zu reisen, und begrenzen ihr Lebensfeld auf die Wände der Wohnung. Zum Schluss endest du eh dort, wo du begonnen hast - im Bett. Wir haben es jedoch in der Hand, möglichst lange unsere Räume auszudehnen. Ich wünsche dir die Neugier und den Mut der beiden türkischen Frauen, immer wieder Wagnisse einzugehen.

Lieber füllig als mangelig

Vor einiger Zeit verwendete ich in einem Gottesdienst zum ersten Mal das Wort "mangelig". Ich fragte die Anwesenden, ob sie das Gefühl kennen, "mangelig" zu sein. Alle lachten zuerst, weil sie das Wort nicht kannten. Aber alle wussten sofort, wovon ich sprach. Im Wörterbuch kommt es vor als Adjektiv im Saarland um 1870 mit der Bedeutung: mit Mangeln behaftet. Das Wort gab es also mal regional, aber nicht bundesweit und auch nicht im heutigen Deutsch. Dennoch ist es mir sympathisch.

Was ist der Unterschied zwischen "Mangel" und "mangelig"? Das Substantiv "Mangel" klingt in meinen Ohren so absolut. Ich leide Mangel! Mir fehlt grundsätzlich etwas. Ich habe einen Mangel an Geld, an Liebe, an Sinn. Da tut sich ein gefühlter Abgrund auf, der scheinbar unüberwindlich ist. Jetzt prüfe mal das Wort "mangelig".

Wenn ich an Geld denke, dann bin ich mangelig. In Bezug auf Liebe bin ich auch ein wenig mangelig. "Mangelig" lässt sich gut mit "ein wenig" verbinden um es abzumildern. Das Adjektiv zu bilden ist wie eine Brücke über den Abgrund "Mangel". Bei deinem Mangel kann ich dir kaum helfen, aber wenn du mangelig bist, kann ich etwas für dich tun. "Mangelig" ist die kleine Schwester oder der kleine Bruder von "Mangel."

Für manche Menschen existiert nur Schwarz oder Weiß, Entweder/Oder. Das schränkt das Leben ein. Die Grautöne gehören dazu und öffnen neue Perspektiven und Alternativen. Wo stehst du selber? "In der Fülle?" oder "Im Mangel?" Du merkst schon selbst: Wahrscheinlich weder so ganz in der Fülle noch so ganz im Mangel. Vielleicht ist dein Leben ein wenig "füllig" und auch ein wenig "mangelig". Mal so oder so! Mal auch beides gleichzeitig! Mangelig im Geld und füllig in der Liebe. Wobei die meisten Menschen bei "füllig" eher an einen fülligen und kräftigen Körper denken.

Ich wünsche dir heute eine bunte Tüte mit fülligen Erlebnissen und wenigen mangeligen Erfahrungen, damit du einen Antrieb hast, mal wieder nach einem "Mehr" im Leben zu suchen.

Mensch ärgere dich nicht

Du hast im Spiel mit dem Würfel deines Lebens eine Sechs gewürfelt und kommst optimal heraus. Es läuft rund. Alles, was du anpackst, gelingt dir. Du bist vollkommen auf dein Ziel ausgerichtet und gehst unbeirrt deine Bahn. Zugleich bist du allerdings innerlich angespannt. Je näher du deinem Ziel kommst, desto mehr Sorgen breiten sich in deinem Inneren aus. Wird dein Glück reichen? Kommst du an? Hoffentlich wird beim Schlussspurt nichts Unvorhergesehenes geschehen, das alles umwirft! Deine innere Anspannung steigt.

Und - in dir finden allmählich Veränderungen statt. Schleichend und fast ohne, dass du es bemerkst. Deine Einstellungen zum Leben verkrampfen sich. Deine Leichtigkeit und Gelassenheit geht verloren. Du erinnerst dich kaum noch an die Anfangsfreude, als alles so glatt lief. Längst hat die Anspannung, die Sorge und die Ahnung einer sich nähernden Katastrophe alle Energie geraubt.

Dann geschieht, was du schon vorausgeahnt oder vielleicht selber kreiert hast. Da kommt plötzlich jemand von hinten und fegt dich aus dem Weg. Es reicht ihm nicht aus, dich zu überholen und einen hämischen Blick zurückzuwerfen. Er muss dich in die Knie zwingen und dich dazu bringen, wieder von vorne zu beginnen. Und das so kurz vor dem Ziel! Der vernichtende Blick im Vorbeiziehen wäre allein schon genug gewesen. Aber das reichte dem Gegner nicht aus. Er musste dich in den Staub stoßen, hinunter in den Abgrund.

Du stehst wieder am Nullpunkt und fängst von vorne an. Dabei schaut dich die ganze Zeit über der Schriftzug auf dem Spielbrett an: "Mensch ärgere dich nicht!" Du ärgerst dich und zwar mehrfach! Über dein Pech, über das Glück des anderen, über deine scheinbar falsche Strategie, über deinen eigenen Ärger, darüber, dass du wieder von vorne beginnen musst usw.

Irgendwann jedoch wachst du auf und dir wird bewusst: Hey, es ist ein Spiel! Es ist nur ein Spiel! Da liegt das Brett und da stehen die Steine und um dich herum sitzen die Mitspieler und gleich trinkt ihr Kaffee. Es ist ein Spiel!

Und, wenn du diese Erfahrung auf das Leben überträgst? Im Leben ist es nicht so?! Doch, wenn du ehrlich bist - im Leben ist es durchaus manchmal so. Nicht immer so krass, aber in den Grundzügen wird es dir immer wieder geschehen, dass du gut unterwegs bist und dann fällst. Dass du wieder aufstehen musst und weitergehst.

Wenn du im Leben fällst, dann erinnere dich an deine Spiele und den Vorgang des Spielens. Was hast du beim Spielen erlebt und gedacht? Beim Spielen hast du geübt, besser mit Lebenskrisen klarzukommen. Wenn du im Spiel öfter gefallen und wieder aufgestanden bist, hast du alle Gefahren und Hindernisse mit den damit verbundenen Gefühlen schon mehrfach durchlebt. Vor allem die traurigen und ärgerlichen Gefühle konnten sich einmal richtig austoben und verloren ihre Schrecken.

Im "Mensch-ärger-dich-nicht-Spiel" wird dir bewusst, dass du spielst. Jetzt denke noch einmal einen Schritt weiter. Und wenn dein Leben auch nur ein Spiel ist? Ein großes Spiel? Ein heiliges Spiel? Zwar ein ernsthaftes Lebensspiel, aber eben doch nur ein Spiel?

Wenn ich Kinder beobachte, dann stelle ich fest, dass sie im Erleben keinen Unterschied machen. Ihr "ernstes" Leben ist ein fortwährendes Spiel. Ob mit Bauklötzen oder mit dem Essen oder miteinander reden - alles im Kind spielt.

Zurück zum "Mensch ärgere dich nicht". Ist dir folgendes klar? Du kannst jederzeit aus dem Spiel aussteigen und es beenden. Das Spiel spielt nicht mit dir, DU spielst es! Du kannst jederzeit ein anderes Spiel beginnen. Du hast die Freiheit! Werde dir dieser Freiheit bewusst! Wenn du dir dieser Freiheit bewusst bist, wirst du anders spielen als bislang. Nicht mehr so verbissen, nicht mehr so auf Sieg.

Alle Feiertage bietet die Möglichkeit zum Ausstieg aus den vielen Lebensspielen! Mach mal eine Pause und atme wieder durch! Ich sehe was, was du nicht siehst? und das ... heißt Himmel!

Der 26. Januar

Treu sein ohne Treuekärtchen

Gestern beim Bäcker fragte mich die Verkäuferin nach meinem Treuekärtchen. Ich hatte keines. Darum wollte sie mir gerne eines geben. Bei jedem Brot, das ich kaufe, gäbe es dann ein Stempelchen ins Treuekärtchen.

Ich lehnte ab direkt mit einem schlechten Gewissen. Du bist untreu! Treue ist dir nichts wert! Der Bäcker meint es nur gut! Dabei sollte man doch Treue belohnen! Der Bäcker und ich, wir könnten ein Bündnis miteinander schließen und uns aufeinander verlassen! Der Bäcker backt für mich jeden Tag frisches und leckeres Brot und ich kaufe und esse es. Das ist der perfekte Treuedeal, eine win-win Situation. Und ich lehne ein solches Bündnis ab. Ich verrate meinen Bäcker! Er wird nicht wissen ob ich morgen wiederkomme. Möglicherweise bleibt er auf seinen Brötchen sitzen, weil ich untreuer Mensch woanders kaufe.

Ich möchte kein Treuekärtchen, auch keine Deutschlandcard, keine Rabattkarte und wie die Karten der anderen Konzerne auch sonst heißen mögen. Ich möchte keine Verpflichtungen eingehen und ich möchte ohne Schuldgefühle den Bäcker meiner heutigen Freude wählen. Denn in meinem direkten Lebensumfeld habe ich die Wahl zwischen sieben verschiedenen Bäckereien und eine Auswahl, die ich nicht mehr überblicken kann.

Die Treuekärtchen erlebe ich als einen direkten Angriff auf ein hohes Gut, meine Freiheit. Ich liebe meine Freiheit! Ich kaufe heute hier und morgen da. Bäcker gibt es wie Sand am Meer. Überall tolle Brötchen, leckeres Brot und wunderbaren Kuchen. Mir wäre lieber, das Brot würde ohne Rabattmarken dann einen Cent weniger kosten. Das wäre eine andere Form von Treue, die Treue des Bäckers dem Kunden gegenüber. Wenn der Bäcker eine tolle Qualität anbietet, bleibe ich mit Freude sein treuester Kunde. Ein Bäcker sollte immer gutes Brot backen, mit und ohne Treuekärtchen.

So ein Kärtchen muss jedoch seine Wirkung haben, sonst würde es nicht angeboten werden. Wenn ein Kunde vor mir dran ist und seine Waren bezahlt, schaue ich gerne in seine Geldbörse. Häufig sehe ich eine Fülle von Karten, säuberlich eingeschoben in die Fächer des Portemonnaies. Eine Bankkarte, der Rest das restliche Plastik steht für das Thema Treue. Der Verstand sagt mir: Kundenbindung lohnt sich für den Geschäftsmann und es ist nichts dagegen einzuwenden.

Mir geht es immer nur um das Bewusstwerden. Da werden Werte und Gefühle beim Kunden angesprochen. „Wir sind treu!“ „Auf uns kannst du dich verlassen!“ „Du bist uns wichtig!“ Beim näheren Hinsehen entlarvt es sich als das, was es ist. Geschäft, nicht mehr und auch nicht weniger.

Treue ist mir wichtig. Gegenüber Freundinnen und Freunden, meinen Zielen und Idealen, meinen Versprechen die ich gebe; Treue im Glauben und Vertrauen ins Leben. Das, so finde ich, ist genug der Treue. Treue da, wo sie hingehört. Bei den wichtigen Werten im Leben.

Mein Brot kaufe ich, wo es mir gerade schmeckt oder wo ich mich gerade befinde. Meine Geldbörse möge verschont bleiben von all den überflüssigen Kärtchen und Markenheftchen!

Von menschlichen Kuckuckseiern

Folgende Situation erlebte ich im Supermarkt. Ich befand mich mit meinem Einkaufswagen an der Kasse. Vor mir standen zwei Frauen, die Ihre Produkte auf das Laufband legten. Zwischen den beiden Bereichen platzierten sie wie gewohnt einen Warentrenner (so heißt das kleine Teil glaube ich, oder?). Direkt hinter dem Trennungsstab stellte die zweite Frau ihre zwei Flaschen „Hohes C". Das Band lief und eine Flasche fiel in den Bereich der vorderen Kundin. Ich wartete gespannt darauf, was jetzt wohl geschieht. Merkt es die Kassiererin oder die „Eigentümerin" oder eher wahrscheinlich die vordere Kundin? Es geschah das Überraschende und das, was ich zugleich vermutete! Die Kassiererin nahm die Flasche „Hohes C", scannte sie ein und schob sie weiter. Die erste Kundin nahm die Flasche und legte sie in ihren Korb. Die zweite Kundin war wohl innerlich abwesend und bemerkte nicht den Verlust „Ihrer" Flasche. Niemand merkte etwas! Außer mir natürlich! Die erste Frau bezahlte anstandslos die Rechnung und ging mit ihrem „Kuckucksei" nach Hause.

Ich begreife noch nicht so ganz die Situation. Merkt man das denn nicht, wenn sich da auf einmal ein völlig fremdes Produkt im eigenen Korb befindet? So eine Flasche ist doch auch auffällig, zumal man dieses Teil den ganzen Weg durch den Supermarkt nicht in die Hände genommen hatte! Die zweite Kundin merkte auch nachträglich noch nichts! Ihr fehlte doch die zweite Flasche! Wo war die wohl mit ihren Gedanken? Und die Kassiererin? Das kommt doch öfter vor, dass Flaschen umfallen und nicht mehr eindeutig zugeordnet werden können! Eines muss ich wohl noch erwähnen. Alle drei Frauen machten den Eindruck von Schläfrigkeit bis Versunkenheit. Und ich? Habe ich die Situation geklärt?

Nein, es gab nichts zu klären. Alle waren doch zufrieden, oder? Die Kassiererin bekam ihr Geld, die erste Kundin bekam Vitamine, die sie bezahlen konnte und der zweiten Kundin blieb noch eine Flasche. Und ehrlich gesagt – ich hatte Vergnügen! Denn ich darf das jetzt hier in epischer Breite erzählen.

Doch das Leben gibt uns Lektionen, die wir lernen dürfen. Auch ich habe an diesem Tag meine Lektion erhalten. Hinter diesem Erlebnis steckt doch eine Botschaft. Es handelt sich um eine verborgene Botschaft, eine die sich versteckt, kurz gesagt: eine Kuckucksbotschaft. Da geht diese Frau nach Hause mit einem Kuckucksei. Das bemerkt sie nicht. Es gehört zum Kuckuck dazu, dass er seine Taten unbeobachtet vollbringen kann. Das ist seine Spezialität: Eier an fremde Orte zu platzieren. Das mag er gerne auch so tun, es entspricht seinem Wesen. Aber wir, die wir die Kuckuckseier ausbrüten, wir sind gefragt.

Also, welche Kuckuckseier brütest du aus im übertragenen Sinne? Da kommt jemand zu dir und erzählt dir von seinem Problem. Du versuchst zu helfen und zeigst Mitgefühl und Anteilnahme. Ihr geht wieder auseinander und du bist immer noch mit dem Problem des Anderen beschäftigt. Möglicherweise hat der andere sein Problem an dich abgegeben und du wirst es jetzt nicht mehr los. Setz dich mal hin und frage dich, welche Themen bearbeitest du, die eigentlich gar nicht zu dir gehören. Du hast sie zwar angezogen, aber es sind nicht die Deinen.

In der Regel sind uns unsere Kuckuckseier unbewusst. Da sind wir wie die „Fremdbrüter". Wenn wir uns der fremden Eier jedoch bewusst werden, können wir uns neu entscheiden. Ausbrüten oder herauswerfen!

Ich möchte ein paar Beispiele nennen. Da hat dein Kind, dein Mann, deine Frau einmal gesagt, es mag keinen Paprika. Seit dem Zeitpunkt gibt es in deinem Haushalt keinen Paprika mehr, weder für dich, noch für die Anderen. Oder du befolgst Regeln, die damals für dich als Kind in deinem Elternhaus galten und diese Regeln befolgst du als Erwachsene immer noch, ohne sie zu hinterfragen. Es sind die „Kuckuckseier" Regeln deiner Eltern und nicht deine eigenen. Wahrscheinlich wirst du deine inneren Kuckuckseier erst entdecken, wenn du mal darauf aufmerksam wirst.

Das, was im Umgang mit den alltäglichen Ereignissen und Beziehungen wichtig ist, gilt auch für unser spirituelles Leben. Welche Kuckuckseier brüten wir da immer noch aus! Ist es möglicherweise das Gottesbild unseres ehemaligen Pfarrers oder Religionslehrers? Von wem stammen die Regeln nach denen du dich richtest?

Spirituell erwachsen werden heißt, alle Eier im eigenen Nest anschauen und sich neu entscheiden, welches ich noch bebrüten möchte. Manche Küken sind schon längst geschlüpft und erwachsen geworden und ich brüte immer noch. Dazu gehören vielleicht die Eltern, die immer noch ihre erwachsenen Kinder bemuttern. Oder – da gibt es Eier, aus denen wird nie etwas schlüpfen, egal, wie lange ich brüte.

Also, wenn ich nach den Kuckuckseiern schaue, muss ich zugleich alle meine Eier in den Blick nehmen. Das fühlt sich ein wenig an wie Bestandsaufnahme oder Inventur. Das wiederum hat auch etwas mit dem neuen Jahr zu tun. Das Vergangene aussortieren und sich neu entscheiden! Das, was abgestorben oder unfruchtbar ist, oder das, was nicht zu mir gehört, sondern zu einer anderen Person, kann ich getrost entfernen.

So bleibt ein Dank an das Kuckucksei im Supermarkt. Es hat mir doch dabei geholfen, einen Unterschied zu machen. Ich entscheide mich für das, was zu mir gehört. Ich trenne mich von dem, was ich gar nicht haben möchte. In der Spiritualitätstradition nennt man so etwas „die Unterscheidung der Geister“. Und hier noch einmal die kurze Zusammenfassung.

1. Überprüfe deine Lebenseinkäufe und nimm wahr, welche Eier dem Kuckuck gehören!
2. Entscheide dich neu für das, was du ausbrüten willst und wovon du dich verabschieden möchtest! Danke dem Kuckucksei für seinen Beitrag zur Bewusstseinserweiterung.

Mein blinder Fleck

Auf meinem Weg zum Supermarkt gibt es einen Taxistand am Bahnhof mit einer kleinen Ausfahrt. Seit einem Jahr fahre ich mit meinem Rad über diese Stelle und habe bislang nie die Ampel dieser Ausfahrt bemerkt. Ich habe sogar schon einmal einem Taxifahrer die Vorfahrt dadurch genommen. Ich fuhr bei Rot über die Ampel und habe es nicht gemerkt. Ich wunderte mich nur über den Ärger des Taxifahrers und war der festen Meinung, er käme aus einer Ausfahrt und ich hatte Vorfahrt.

Erst jetzt habe ich diese Ampel gesehen. Sie passte nicht in mein Wirklichkeitskonzept. Die Ampel gehörte da einfach nicht hin. Darum habe ich sie übersehen. Jetzt ist dieser blinde Fleck in mein Bewusstsein getreten. Von nun an werde ich diese Ampel immer im Blick haben. Sie wird zu einer besonderen Ampel werden - meine heilige Ampel! Halt Stopp! Hier ist Vorsicht geboten!

Eine leuchtende Ampel wird für mich so zum Symbol für blinde Flecken im Leben. Jetzt frage ich mich ernsthaft, wo gibt es noch mehr von den blinden Flecken. Sie sind blind, weil ich sie nicht in meinem Bewusstsein habe. Eine rote Ampel zu überfahren ist allein schon peinlich genug!

Was würden die Menschen, die mit mir zusammenleben über mich sagen? Welche blinden Flecken sehen sie wohl bei mir? Wären mir diese peinlich? Würde ich mich dafür schämen? Eines lässt sich auf jeden Fall nicht leugnen: Ich habe mehr als nur einen blinden Fleck! Ich wünsche mir, dass andere da behutsam und nachsichtig mit mir umgehen. Und umgekehrt gilt das Gleiche. Wenn ich mich über meine Mitmenschen ärgere - vielleicht sind sie auch nur befallen von ihrem blinden Fleck?!

Wenn du ein Bewusstsein davon entwickelst, dass du auf jeden Fall wenigstens einen blinden Fleck hast, kannst du ja mal deine Aufmerksamkeit dahin lenken. "Liebes Unbewusste! Gib mir die Offenheit, meine blinden Flecken wahrzunehmen. Sie mögen mich nicht länger ängstigen. Lass mich die damit verbundene Scham ertragen und aushalten. Möge der Umgang mit dem Entdeckten meinem Wohl und dem Wohl des Ganzen dienen!“

DU bist keine Beta Version

Viele Firmen kommen auf den Markt mit einem neuen Produkt in der sogenannten „Beta Version“. „Die Alpha-Version“ einer Software wird so genannt, wenn sie noch nicht fertig ist, aber schon einige Neuerungen gegenüber dem Vormodell hat. Die Firmen kommen dann mit der Beta Version auf den Markt. Und dann gibt es auch noch die Gamma Version, das ist die Endversion mit kleinen Fehlern.

Interessanterweise gibt es keine Deltaversion für das perfekte Endprodukt. Vielleicht kann es Delta auch nie geben. Jedes Produkt hat seine Mängel egal wie großartig es auch ist.

Früher wurden solche griechischen Alpha oder Betaprodukte mit Modelle, Versuche oder Entwürfe bezeichnet. Modelle sollten erst mal ordentlich getestet werden, bevor man sie unter die Leute bringt. Man stelle sich einmal Medikamente in der Beta Version vor! Die gibt es auch! Die werden verabreicht an Versuchspersonen. Die Alpha Version vielleicht an Tieren.

Ich nenne das dahinter stehende Denken mal die griechische Nebeltaktik. Nichts gegen die krisengeschüttelten Griechen. Die haben mit den Versionen nichts zu tun. Es geht nur um deren Buchstaben Alpha, Beta, Gamma... Sie verharmlosen die Zustandsbeschreibung eines Produktes. Sie machen das Modell vorzeige- und verkaufsfertig. Niemand denkt sich etwas dabei. Es ist halt Beta, na und!

Wenn man alle Produkte der Welt genauer unter die Lupe nimmt, dann besitzt ein weltbekannter Versandhandel mit der Sternenvergabe ein sehr gutes Qualitätsmanagement. Der Kunde entscheidet über Alpha, Beta und Gamma. Der Kunde wirft aber keine Nebelbomben, sondern vergibt Sterne! Sterne sind mir allemal sympathischer als griechische Buchstaben. Ein fünf Sterne PC ist schon mal eine Hausnummer!

Jetzt fehlt noch die Übertragung auf das Leben. Als du geschaffen wurdest, warst du von Anfang an absolut perfekt. Du wirst wahrscheinlich Einwände haben und deine ganzen Defizite aufzeigen. Du wirst dich vielleicht manchmal nicht so ganzheitlich fühlen. Aber, lass es dir sagen von außen, dass dein Leben keine Beta Version ist. Du bist da auf dieser Welt, so wie du bist, jetzt und einmalig. Du bist kein Versuch und kein Entwurf! Du bist!

Heilsame Unterbrechung

Komm mir nicht in die Quere! Daran musste ich denken, als ich mit dem Fahrrad unterwegs war und eine Angestellte vor ihrer Apotheke den Fahrradweg fegte. Schon hatte ich die Vision in mir, wie der Besenstiel zwischen meine Felgen geriet und ich über den Lenker stürzte. Zum Glück war ich nicht so schnell unterwegs. Es bestand keine unmittelbare Gefahr. Ich konnte rechtzeitig bremsen und die Fegerin hatte mich bemerkt.

Wenn dir jemand in die Quere kommt, musst du deinen Weg unterbrechen. Du hältst für einen Augenblick an und inne. Du denkst, dass du es eigentlich jetzt in diesem Augenblick gar nicht gebrauchen könntest. Du willst deinen Plan umsetzen und bist voller Tatendrang. Du möchtest nicht ausgebremst werden sondern dein Ziel zügig erreichen. Du empfindest es als schädlich, wenn sich dir jemand einfach in den Weg stellt.

Dennoch ist es wichtig, ab und zu unterbrochen zu werden. Manche reden zum Beispiel ohne Punkt und Komma. Wenn du solche Leute nicht stoppst, hast du keine Chance. Du kommst nicht dazwischen. Du bist verurteilt zum ausschließlichen Zuhören.

Manchmal verfolgst du wie verbohrt ein Ziel und erst im Anhalten stellt sich heraus, dass das Ziel gar nicht so wichtig ist für dich. Das Universum schenkt dir eine Unterbrechung.

An dem Tag, als sich die Apothekerin mir in den Weg stellte mit ihrem Besen, stellte ich an meinem Ziel fest, dass ich meinen Fahrradschlüssel vergessen hatte. Aha, dachte ich, so funktioniert das Leben. Ich hätte vor der Apotheke zur Besinnung kommen können. Fahr nach Hause und hol deinen Fahrradschlüssel! Hab ich nicht gemacht.

Häufig kommen Menschen zu mir mit einem Mangel an Energie, die heute mit Burn-out bezeichnet wird. In einer solchen Situation verordnet das eigene System eine innere Zwangspause. Komm zu dir! Ruh dich aus! Setze Prioritäten.

Manchmal kann unser Selbstschutz gar nicht anders als uns selbst in die Quere zu kommen und auszubremsen. Erst später erkennen wir, warum das gut für uns ist. Besser jedoch wäre es, die „Quersignale“ nicht zu übersehen. Sei jederzeit aufmerksam für das, was im Hier und Jetzt geschieht! Wenn dir jemand in die Quere kommt, dann danke ihm für das Geschenk der Unterbrechung. Wahrscheinlich war das Signal wirklich für dich gedacht, jetzt in diesem Augenblick. Die Unterbrechung lädt dich ein, nach innen zu gehen und zu überprüfen, ob du noch auf dem Weg bist, der für dich förderlich ist. Jesus sagt in der Bibel dazu: Kehr um!

Und plötzlich ist da Freude

Manchmal bekommt das Leben eine gewisse Schwere. Da gibt es Aufgaben, die noch zu erledigen sind. Du spürst eine gewisse Lethargie in dir und dir fehlen die Kraft und die Energie, das anzupacken, was eigentlich dran wäre. Vielleicht kommt noch hinzu, dass das Wetter dir nicht passt und irgendjemand sagt dir etwas nicht so nettes und schon bist du drin - mitten im Blues. Du hast es dir nicht ausgesucht und beim Aufstehen war die Welt noch in Ordnung.

Vor einigen Tagen war ich unterwegs mit einer solchen Verfassung. Die Gründe für den Blues waren belanglos und sie sind schon aus meiner Erinnerung verschwunden. Da bläst mir vom Straßenrand her ein kleiner Junge mit totaler Hingabe und Freude Seifenblasen in den Weg.

Er kann sich vor Vergnügen gar nicht mehr einkriegen. Er strahlt über das ganze Gesicht. Ich fuhr vorbei und mein Blick war nur flüchtig. Eine Momentaufnahme. Dieser Moment hat den Blues einfach weggewischt. Eine Seifenblase hat ihn eingehüllt und irgendwohin getragen.

Es war ein wunderbares Geschenk, diese Seifenblasen!

Manchmal braucht es für gewisse Probleme keine Lösungen auf der gleichen Ebene. Die Lösung eines Problems liegt manchmal da, wo du es nicht vermutest. Die Lösung kommt auf dich zugeflogen wie eine Seifenblase!

Zugegeben: Eine Seifenblase erledigt keine Aufgabe, die von dir selbst erledigt werden muss. Aber sie erschafft in dir eine neue Wahrnehmung der Wirklichkeit. Das Leben kann zu einer Spielwiese werden auf der du nicht arbeitest, sondern spielst!

Schlusswort

Die Gedanken zum Januar behalten ihre Gültigkeit auch für den Rest des Jahres. Das Januarbuch kannst du im Sommer lesen oder im Dezember. Die Monate und Jahreszeiten geben nur ein Raster vor. Der Januar steht nun einmal für den Anfang und der Dezember für das Ende eines Jahres.

Einen Anfang zu in den Blick zu nehmen unterscheidet sich vom Bedenken des Endes. Zu Beginn ist noch vieles offen. Du stehst jetzt an einer Abzweigung und musst dich entscheiden. Der Februar wird stattfinden. Bist du dabei? Oder gehst du noch einmal in den Januar zu den Anfängen und wiederholst so lange, bis du genug davon hast?

Auch wenn der Rest des Jahres dir keine großen und großartigen Ereignisse schenken wird brauchst du nicht verzagen. Ich las einmal einen Roman mit der Überschrift: „Der Gott der kleinen Dinge“. Den Inhalt habe ich vergessen, die Überschrift behalten. „Die kleinen Dinge“ sind wie das Salz in der Suppe. Sie sorgen für den Geschmack, für den Alltag und die Bekömmlichkeit. In diesem Sinne wünsche ich alltäglich wachsende Erkenntnisse … bis zum Februar?

Zeitfracht Medien GmbH
Ferdinand-Jühlke-Straße 7
99095 Erfurt, Deutschland
produktsicherheit@kolibri360.de